U0827577

真希望我妈妈读过这本书

盛国恒◎著

I REALLY WISH MY MOM HAD READ THIS BOOK

文化发展出版社
Cultural Development Press
·北京·

图书在版编目（CIP）数据

真希望我妈妈读过这本书 / 盛国恒著．-- 北京 ：文化发展出版社，2025．1．-- ISBN 978-7-5142-4626-1

Ⅰ．G78

中国国家版本馆 CIP 数据核字第 2025EB6903 号

真希望我妈妈读过这本书

盛国恒　著

责任编辑：袁兆英　　责任校对：侯　娜

责任印制：邓辉明　　封面设计：异一设计

出版发行：文化发展出版社（北京市翠微路 2 号　邮编：100036）

网　　址：www.wenhuafazhan.com

经　　销：全国新华书店

印　　刷：河北盛世彩捷印刷有限公司

开　　本：710mm × 1000mm　1/16

印　　张：15.75

字　　数：242 千字

版　　次：2025 年 1 月第 1 版

印　　次：2025 年 1 月第 1 次印刷

定　　价：59.00 元

I S B N：978-7-5142-4626-1

◆ 如有印装质量问题，请电话联系：0318-6658666

推荐序

亲爱的读者，我非常荣幸能够为盛国恒老师的新书《真希望我妈妈读过这本书》写一篇推荐序。盛老师为人真诚直率、授课风趣幽默，他被誉为“最懂孩子的孩子王”。这本书凝聚了盛老师对女孩教育的深度思考和独特见解，我相信它将对广大家长和教育工作者产生深远的影响。

我想谈谈这本书的独特之处。书中主要讨论女孩的性格塑造、学业基础、习惯养成、思维与品德的格局、家庭环境、底线教育、婚恋和人生蓝图等七个方面，涉及内容广泛，每一方面内容都充满了智慧和洞见。本书全面而系统地阐述了如何培养女孩的好性格、如何树立女孩正确的三观以及如何帮助孩子对未来进行规划，为家长提供了宝贵的家庭教育指导建议。书中不仅归纳了女儿22岁前可能遇到的109个问题，还清晰明了地提供了生动的案例、原理和方法论，我认为本书会成为父母在教育孩子过程中的得力助手。

盛国恒老师的这本书，是他教育理念的生动体现。他主张抛弃教育中“打骂吼惯弃”的错误理念，父母应该发自内心地学会欣赏和接纳孩子，用孩子自己的需求去驱动孩子自己的行为，强调接纳和目标体系的重要性，帮助孩子成为更好的自己。他强调“用未来的视角讲述当下的教育，用未来的需求培养孩子当下的能力”，这无疑为我们提供了一种全新的教育理念。这种教育理念不仅独特，而且非常值得我们借鉴和学习。

《真希望我妈妈读过这本书》是一本非常值得读的书，它不仅对家长有指导意义，对孩子的成长也有着深远的影响。我强烈推荐这本书给广大的家长和教育工作者！

深圳市博商管理科学研究院股份有限公司

创始院长曾任伟

目　录

CONTENTS

第一章《 01

倾听心灵，塑造女儿健康的性格

女儿敏感爱哭，如何培养抗挫折能力

家中新添千金，自然是喜事一桩，然而，新手父母很快就发现，女儿抱着也哭，放下也哭，睡醒了也哭，想吃了也哭。这种情况即使在女儿稍稍长大后，仍会持续不短的时间，常常令很多父母焦头烂额，不知所措。久而久之，面对女儿时不时的哭泣，为人父母很容易出现以下三种行为：一是对女儿置之不理，二是教训、呵斥女儿，三是满足女儿的一切要求。前两种行为，会使女儿变得非常敏感，没有安全感。第三种行为会养成女儿的“公主病”，使她失去抗挫折能力。

那么，如何让女儿不再敏感、脆弱、爱哭，如何培养她的抗挫折能力呢？首先，我们要认识到，在0—5岁这个阶段，女儿爱哭是非常正常的。哭是寻求帮助的一种信号，也是寻求关注的一种表达。爱哭的孩子其实是高需求的孩子，这和她的基因有一定的关系。我们千万不要因为女儿哭而觉得很烦，因为哭是她唯一的表达方式。我们不能要求3岁的女儿直接说“妈，我饿了”“妈，我渴了”“妈，我想上厕所”，她是无法做到的。她只有哭这一种表达方式，哭是对外界环境的正常反应。比如，我们带女儿进入一个新的环境、新的空间，她可能会因为不适应而哭泣。

有了这个认识以后，我们可以进一步采取行动。首先来看一个例子：

孙阿姨带女儿回娘家，进了外婆的房间没多久，女儿就开始大哭。孙阿姨没有呵斥女儿，而是第一时间抱起她轻声哄道："宝贝不怕，妈妈在这里呢。"一边安抚，一边观察女儿。很快她发现女儿不时扯自己的衣服，伸手一探，女儿背上已经全是汗了。孙阿姨于是明白了，老人家怕冷，屋里空调开得足，女儿这是热到了。此时，女儿在她的安抚下已经平静了不少，孙阿姨于是开始循循善诱："宝贝，告诉妈妈你怎么了，是不是要这样？"孙阿姨说着，用手在脸边扇了扇风。女儿看到妈妈理解了她的意思，很高兴，也跟着用手扇风，孙阿姨接着问："宝贝为什么要扇风呀？"女儿奶声奶气地回答："热！"孙阿姨于是做出恍然大悟的样子，说："原来宝贝是热了呀，那把外套脱了好不好？你看，你跟妈妈说明白了，妈妈才好给你解决问题呀！"

孙阿姨的做法就很好。如何帮助女儿建立起独立解决问题的能力？第一，给女儿足够的安全感，抚摸她，拥抱她。拥抱的温度，甚至是眼神的安慰，都可以让女儿得到充分的安全感。第二，发展女儿的语言系统，让女儿尽早学会用语言表达需求。女孩一般比男孩更快会说话、更利索，并且女孩学说话的时间节点要早于男孩，父母要教女儿正确地表达需求。等女儿学会了用语言或者动作来表达自己想法的时候，她自然不会只用哭的方式向外界表达她的需求。在这个过程中，我们可以先通过动作和语言帮女儿表达她的需求，然后慢慢淡化动作，强化语言，这样，女儿的诉求就会越表达越清晰，而不仅仅是宣泄情绪。

女儿性格扭捏，家长如何“见招拆招”

很多父母都有这样的困惑：为什么我的女儿性子扭扭捏捏的，想要什么东西也不直说，非要我去猜？在这方面，女孩和男孩确实很不相同，男孩看到自己喜欢的东西，会非常直接地说：“我要！我要！”他会主动让父母给他买单，父母做不到他就转身去找爷爷奶奶了。而女孩和男孩的表达方式不太一样。当女孩想要某样东西，如一条裙子时，她可能会跟妈妈说：“妈妈，你看贝贝今天穿的裙子漂亮吗？”她会用这种方式表达她的想法，而不会说：“妈妈，贝贝穿的裙子我也想要。”但她真实的想法就是“我也想要”。我们来看一个场景：

周末，妞妞和爸爸妈妈出门逛街，刚走到商场门口，就看到妈妈的同事李阿姨牵着她的儿子明明从商场里走出来，明明手里拿着一根棒棒糖，吃得可香了，一边吃，一边还向妞妞炫耀：“棒棒糖可真甜。”妞妞的眼里满是羡慕。走进商场，妞妞一眼就看到门口的杂货店卖棒棒糖，于是她拉拉妈妈的袖子说：“妈妈，你看，明明刚吃了个棒棒糖。”妈妈随口应道：“可不是，明明那孩子最爱吃棒棒糖了。”妞妞见妈妈无动于衷，又眼巴巴看向爸爸：“爸爸，你看，明明刚吃了个棒棒糖。”粗心的爸爸就更直接了：“是吗？我刚才没注意。”妞妞的情绪一下子低落下来，顿时失去了逛商场的兴趣。爸爸妈妈疑惑极了：一家人逛街，出门时女儿还开开心心的，怎么突然就闷闷不乐了呢？

其实，妞妞反复强调“明明吃了棒棒糖”这件事，就是想让父母知道“我也想要”，但她不会告诉父母，而是要等父母主动去说。这是因为妞妞渴望得到更多的关注，导致她的人格趋向被动化，在爱打直球的父母眼中，就成为扭扭捏捏的表现。

事实上，处在这个阶段的女儿并不知道如何表达自己的诉求。她想要，又不好意思直接说，这会让她产生羞涩感。女儿的底层逻辑是希望用这种方式让父母懂她、关注她：爸爸妈妈能够主动发现我的需求，这才是真正爱我。这是女孩和男孩最本质的区别之一。不细心的父母可能注意不到女儿的需求，导致女儿感觉自己被忽视。这种女孩长大后可能会变成这样：

“今天是什么节日你知道吗？”

“不知道。”

“那你今天看新闻了吗？”

“没看呢。”

“今天你在路上感觉有什么不一样？”

“没有。”

“那你买菜了吗？”

“没买呀。”

“那我们晚上吃什么？”

“都可以呀。”

绕了一大圈子，女孩就是想表达“今天是情人节，你给我准备惊喜了吗？”这么个意思，如果男孩不能领略到的话，女孩就会觉得你的世界里没有我，你为什么不注意我？这就是小时候不会直接提要求的女儿长大后养成了讨好型人格。对于这种类型的女孩，男孩给块糖，她就跟着走了，她不敢表达自己的真实想法，比较容易委曲求全。

作为父母，我们有两个妙招。

第一，一定要给足女儿爱和安全感。

让她知道，父母不会因为对她有要求而放弃爱她。我们要经常告诉女儿：“父母是百分百爱你的！”一定要传达给女儿这个正确的观点，给女儿吃一颗“定心丸”。

第二，引导女儿主动提要求，大胆提要求。

比如，女儿说：“妈妈，你看明明在吃棒棒糖。”我们可以这样问她：“明明在吃棒棒糖，那你有什么想法？”如果女儿开始支支吾吾，我们可以加一把火：“你不说我就走喽。最后再问你一次，你有什么想法？”这时女儿一着急，就会说：“我也想吃！”这时我们就要乘胜追击：“这就对了，声音大一点，想不想要？”当女儿大声地说出“我想要”时，我们一定不要忘了肯定她一下：“嗯，以后想要就直接说。”鼓励女儿大胆提要求，让她认识到直接表达自己的需求并不是一件不好意思的事，这样女儿才会越来越自信，越来越健康，越来越阳光。

女儿太懂事了，会不会养成讨好型人格

甜甜放学回到家，看到餐桌上已经放着好几盘热气腾腾的菜。妈妈擦着手从厨房里走出来，笑着说：“甜甜回来了？快来吃饭吧！”甜甜洗完手来到桌边，拿起筷子大快朵颐。吃着吃着，妈妈夹过来一筷子胡萝卜，说：“甜甜，怎么不吃胡萝卜呢？”甜甜顿了一下，说：“妈妈，我不喜欢吃胡萝卜。”

“不喜欢也要吃一些，胡萝卜多有营养，妈妈上了一天班，晚上还要辛辛苦苦给你做饭，就是怕你吃得不好，营养不够。来，再吃一点，妈妈这都是为你好啊！”妈妈说着，又夹过来一筷子。甜甜看看妈妈疲惫的神态，默默地咽下了碗里的胡萝卜。妈妈这才笑着说：“真棒，我们甜甜最懂事了！”慢慢地，甜甜再也不说不喜欢吃什么，妈妈在欣慰之余，又有些疑惑：我的女儿怎么没有自己的喜好呢？

上面的例子中，毫无疑问，甜甜是一个懂事的孩子，但是，懂事之余，她的人格已经向讨好型人格转化。事实上，人人都有自己的偏好，当一个小小的孩子舍弃自己的偏好去讨好她的父母的时候，父母就该警醒了。我们教育女儿的目的是什么呢？无非是希望女儿能成为

更独立的自己；她能够拥有一段幸福美满的婚姻，还能够拥有身心健康的下一代。女儿在过分懂事的情况下，很有可能养成讨好型人格，这对她成为一个独立个体显然是非常不利的。

女儿为什么会养成讨好型人格？父母首先要反省自己的语言里是不是经常出现“我都是为你好”这一类的话。这种话一旦没有把握好分寸，无异于对女儿进行道德绑架，很容易让女儿时常感到愧疚感，使她认为自己应该牺牲人生的成就，以回馈父母。其次可能是父母经常告诉女儿：“咱们家条件一般，你要懂事一点，不要惹祸，惹了祸我们赔不起。”这样也可能让女儿养成讨好型人格，又称钱商型人格。

那么，作为父母，我们怎么给女儿做有力量的心理建设呢？我们要学会说另外两句话。不要说“我都是为你好”，而是要告诉女儿：“宝贝，你最终要成为你自己，爸爸妈妈只是负责把你带到这个世界上，我们希望你懂事，更希望你做自己；我们希望你能够尊重每一个人，更希望你先尊重自己。”不要说“咱们家条件一般，你要懂点事”，而是要告诉女儿：“宝贝，你永远都是最棒的，你要坚持做自己，成为你最想成为的样子，拥有被人讨厌的勇气。”

我们要明白，女儿最终要实现思想独立、人格独立和财富独立。如果我们的语言不能帮助她建立一个独立的思维模型，她就会从外界——可能是某段关系、某个场景，或者某个空间来寻找依赖。

当然，这么说并不是放弃让女儿成为懂事的人，懂事并不等于讨好，这两者有相关性，但不是绝对的强关联。讨好型人格的本质是以失去自我为代价，对旁人进行无条件的满足，而懂事更多的是一种高情商的表现。这两者有共性，但不完全一样。生活中，我们很容易发现：懂事的女孩会让周围的人很舒服，自己很累；不懂事的女孩会让自己很舒服，周围的人很累。那应该选择前者还是后者？应该先成为不懂事的女孩，再慢慢修炼到既让自己舒服，也让周围的人舒服。在这个过程中，我们一定要运用语言的力量，让女儿拥有自信的人格。

女儿总被欺负，会养成懦弱性格吗

村头的王叔一家是村里出了名的老实人，夫妻俩都是工厂的职员，每天勤勤恳恳，待人一团和气，从不得罪人。要是真有人跟他们闹了矛盾，他们也往往采取息事宁人的态度。他们常常教育女儿："退一步海阔天空，何必惹事呢？"与王叔一家相反，村尾的杨阿姨十分强势，她是名牌大学的毕业生，现在干着律师的工作，生了个女儿当作心肝宝贝。女儿从出生起，杨阿姨就给她安排得井井有条：几岁学走路，几岁学说话，几岁上哪个幼儿园，报哪些兴趣班。但凡涉及女儿，她便如护崽的母鸡，没理也要争三分，得理更是不饶人。奇怪的是，王叔和杨阿姨两家的女儿仿佛一个模子捏出来似的，都是怯懦软弱，任人欺负也不敢吭声的性子。这是怎么回事？

显然，这种性格懦弱的孩子整个人生是没有张力的。这里面有两个原因。第一，父母过于老实，遇到强势群体不敢出头，就像案例中的王叔，从小教育女儿不要惹事，但没有告诉女儿不要怕事。我们都听过一句话：酒肉穿肠过，佛祖心中留。其实后面还有两句：世人若学我，如同进魔道。很多人只听了一半，就当作开戒的说辞。第二，父母一方过于强势，把所有的事情都包办了，导致女儿自己没有了决策权，慢慢被训练成了懦弱的人。

那么，如果女儿已经养成这种性格，该怎么办？

首先，可以让女儿多参加一些运动类的项目，如武术、搏击课等。

通过增强体魄来提高胆量。不要担心女孩学了这些就不够温柔了，大家可以观察一下周围，很多学武术和搏击的女孩，在自信方面明显得到了提升，但骨子里还是很温柔的。

其次，要重视女儿的求助。

当女儿跟你说她被欺负了的时候，作为父母一定要认真对待，适当替她出头。在女儿没有独立之前，她是不知道怎么保护自己的，父母的出现会给她带来极强的安全感，她知道有人会保护自己，即使别人欺负自己也不用怕。

怎么让“玻璃心”的女儿学会接受批评

2023年10月，一名12岁女孩因未完成作业受到老师批评后跳楼；

2024年7月，某中学一女生因不想参加运动会被年级主任批评后跳楼；

2024年11月，一个小女孩因玩手机被爷爷奶奶批评后跳河……

一个个触目惊心的案例，让我们不禁想问：现在的孩子究竟怎么了？为什么这么玻璃心，受不得一点批评？其实，“玻璃心”在心理学领域有一个专业名词叫“敏感体质”，与之对应的是“脱敏体质”。敏感体质的人，对旁人的一句话、一个行为，都有很高的警觉性。别人在指桑，他就会认为你在骂槐。对旁人无意识的行为尚且如此，更别说针对性较强的批评了，于是就酿成了一场场悲剧。我们都知道要尊重女儿，但是从更深层次来讲，为什么不能让女儿的抗打击能力变强呢？现在很多父母不敢说重话，把女儿含在嘴里怕化了，捧在手心里怕摔了，过于呵护，女儿就容易变成玻璃心。但是批评无处不在，环境是无法改变的，因此提升女儿的抗打击能力非常重要，一定要让女儿形成脱敏体质，说得专业一些，就是钝感力。钝感力越强的人，内在越强大。这样的女孩会更乐观、更积极、更阳光。

我们该如何做呢？不妨多跟女儿开开玩笑。以半开玩笑的方式适当“打击”一下女儿，有助于拉伸女儿，帮助她消灭敏感心理。比如，在亲戚家做客的时候逗一下女儿：“桌子上的小鸡腿都给你吃好不好？”女儿快乐地反问：“真的吗？”这时我们可以“损”她一下：“想得美，都给你吃，其他小朋友不得羡慕死？”女儿其实在反问的时候也知道这多半是在开玩笑，这时她就会吐吐舌头。我们也可以在关键时候吼女儿一下：“怎么总这样呢？能大方点不？”这样时不时给女儿来一下，把她的脱敏体质给锻炼出来。

如何让女儿不被别人的评价轻易影响

美美是一个特别热爱表现自己的孩子，每次演讲前都喜欢唱几句歌来开场，同时也为了表现自己。但是这个行为被一些同学评价为“作”，说美美总是过度表现自己。后来，美美在老师的指导和自己的努力下，拿了学校演讲比赛第一名。回到家，妈妈问美美：“感觉怎么样？”美美兴高采烈地说：“特别好，校长还点名表扬我了！”可是第二天回到家，妈妈明显发现女儿的情绪低落了很多，在仔细询问下，美美委屈地说：“妈妈，昨天演讲比赛第二名的同学发QQ空间说我就是唱了首歌，胜之不武。我这样演讲真的很不好吗？”

美美的演讲方式真的不好吗？很显然，美美太在意旁人的评价了。这样的孩子和上一篇讲到的孩子一样，都是敏感型的。如果女儿是这样的孩子，我们应该如何帮助她呢？

首先，让女儿有被人讨厌的勇气，告诉女儿“127 法则”。

这个世界上只有10%的人会喜欢你，20%的人会讨厌你，70%的人既不会喜欢也不会讨厌你。所以无论你做得多好，旁人也未必会喜欢你。

其次，让女儿打开格局，心大一点，不要活在别人的眼光里。

要做到这一点，一方面可以让女儿多看励志故事，了解那些名人的成长史，把别人的嘲讽和否定变成自己前进的动力而不是让自己不开心的因素。另一方面，正确引导女儿的情绪，当女儿被别人的评价影响时，我们也要坦然接受。因为在女儿心智没成熟之前，很难调节自己的情绪是正常的。这时，父母要慢慢引导她走出这种情绪，循序渐进，每天进步一点点。要告诉孩子，这个世界上最大的力量就是被人讨厌的勇气，你做得再好，也会有人不喜欢你。

最后，给女儿足够的信任，不要火上浇油。

如果女儿正陷在他人评价的影响中，父母又对她说："是不是因为你做得不好，别人才会评价你？"这会让女儿变得越来越自卑。越自卑，就越容易被别人的评价影响。所以，要帮助女儿树立自信，让她勇敢面对当下，也不害怕未来的挑战。告诉女儿："当你还能听到别人的评价，只能证明你跑得还不够快，用你的成果和实力向别人证明你是最棒的！"

如何鼓励缺乏自信的女儿

很多父母都有这样的疑惑：我一直坚持表扬我的女儿，为什么她还是缺乏自信？要怎么鼓励她才有效呢？其实，我们都明白一个道理：空谈无益，行胜于言。说教很难记到骨子里，但体验可以。当女儿不够自信时，“加油，妈妈相信你！”“你一定可以，你是最棒的！”这样的话说得再多，女儿也很难真正自信起来，因为她没有获得体验感。

作为父母，我们有以下三个方案，可以让女儿获得自信的体验感。

第一，让女儿在团队项目中收获自信。

鼓励女儿多参加一些协作运动，如足球、篮球、飞盘等体育竞技项目，在竞技中收获胜利，在竞技中收获自信。

第二，学着“认输”。

与其鼓励女儿很厉害，不如跟她做一些博弈性质的活动，比如下棋。在这个过程中，我们不着痕迹地让一让女儿，让她在胜利中收获自信，而不是在我们的言语中收获自信。

第三，发掘女儿擅长的领域。

五指尚有长短，女儿肯定有自己擅长的领域。我们来看看娜娜的经历：

娜娜原本是个活泼的小姑娘，上了小学后，几次考试下来始终成绩平平。虽然爸爸妈妈每次都鼓励她“没关系，你这么聪明，下次一定会考得很好”，但是娜娜还是变得十分不自信，对学习也慢慢失去了兴趣。爸爸妈妈急得团团转，好话说了一箩筐，也没有起到多少作用。有一天，爸爸路过书房时，发现娜娜在电脑前打游戏，爸爸随意瞟了两眼，发现娜娜的游戏打得极好。想到娜娜在学校垂头丧气的模样，爸爸灵机一动，凑到娜娜身边看她杀敌，时不时来上一句：“真厉害啊，我都不行，你是怎么做到的？”

娜娜看到爸爸没有责备她玩游戏，反而夸她厉害，立即得意起来：“我可是吃鸡高手呢！”爸爸看着娜娜眉飞色舞的样子，仿佛看到了她从前活泼开朗的模样。游戏结束后，爸爸拿出试卷，说：“你呀，游戏都能打得这么好，在学习上肯定也很厉害，你看这些错题不就是游戏里那些对手吗？咱们一起加油，把它KO掉！”娜娜听了果然不再抗拒，接过卷子认认真真琢磨起来。

除了坚持表扬，更重要的是经历和体验，体验才是女儿最好的老师，在体验中收获自信和成长，远比说教管用，让我们一起成为女儿最好的体验老师！

女儿过于内向，上课不积极举手怎么办

丽丽的妈妈最近发现，丽丽上课很少举手发言。她问丽丽："宝贝，为什么你在课堂上总不举手呢？"丽丽说："我不知道我的答案对不对，班里这么多人，答错了多丢人啊！"妈妈告诉丽丽："你不尝试，你怎么知道你的答案是对是错呢？这样，你明天到学校，遇到提问你就举手试试，看老师点不点你，看看你回答得正不正确。"丽丽应道："那好吧，我明天试试。"然后，妈妈又悄悄找到丽丽的老师，请老师在丽丽举手的时候多点她，如果丽丽答对了，就多鼓励鼓励她。

第二天，丽丽在课堂上比较有把握时尝试性地举了一下手，没想到老师还真叫她起来回答问题。当丽丽答出正确答案后，老师和全班同学一起为她鼓掌，给了丽丽莫大的鼓励。慢慢地，丽丽在课堂上也开始勇敢起来，踊跃回答问题了。

丽丽的妈妈就是和老师形成了良好的配合，老师需要管理班里几十个孩子，很难面面俱到，因此父母的配合非常重要。一声表扬，对老师而言不过是顺嘴带过，对孩子来说却是很大的鼓励。父母偶尔要给老师一些提醒，同时在女儿分享自己被老师表扬的喜悦时接着鼓励

她："你太棒了，我就知道你一定可以做得更好"，形成良性的家校联动。

另外，在平时生活中，当女儿积极发表自己的想法时，先不要着急否定，"你还小，这件事你看得没那么明白，听我的。"越是这样，女儿以后越不敢发表自己的意见，既然说了都是错，还不如不说。我们要经常鼓励女儿大胆地表达自己的想法，以提升她的自信。

除此之外，还有一种情况是，女儿心里会觉得：这个问题这么简单，我不回答也无所谓，干吗去表现自己？这种不愿意证明自己的孩子，很多其实在小时候想过证明自己，但是因为没有被发现，逐渐"躺平"了。因此我们做父母的要在生活中多去观察女儿的表现和行为，多给予肯定和赞美，认同女儿对的行为，慢慢养成她想要证明自己的那颗心，这样女儿就能够从内向走向外向。这个过程的本质就是被看见、被确认、被鼓励、被认同。

发现女儿毫无主见，家长要重视哪些原因

发现女儿没主见，我们要先找自己身上的原因。一般来说，有三个原因。第一，父母事事包办，导致女儿自己没有决策能力，女儿从小被安排、被设计，一生都在被规划的路上。

第二，女儿从小就没有自我表达的习惯，当女儿提出建议的时候总是被否定和被批评，久而久之，她发现说多了也不被认可，干脆就直接不说了。

第三，女儿的胆量比较小，不敢表达自己的真实想法，有话藏在心里。女儿没有主见，长大后就非常容易被PUA（思想控制）。比如，事事都询问自己的先生，或者询问自己周围的朋友，像一颗蒲公英一样飞到哪就算哪，别人一吹她就动摇了，特别容易陷在别人的语言当中，自己没有独立的见解。另外，还很容易形成执行人格，没有创造性思维。

在这里，我们有三个解决建议。第一，生活中不容易失控的小事，由女儿做决定。比如，今天家里买什么菜，这一周的伙食怎么安排，完全可以让女儿来制订这个没有任何风险的计划。再比如今天散步，走多久，走到哪，都可以由女儿来决定。容易失控的事情，可以列出

3个以上解决方案，让女儿自己做选择。比如，明天气温很低，我们可以问女儿：“你是想穿红色的毛衣还是紫色的大衣，还是这个很酷炫的外套?”从三个选项中挑一个，其实就是让女儿对自己的决定负责，如果选对了，女儿明天就能御寒了；没选对，让她冻一天，她就会意识到自己选错了，后面就会去纠正。

第二，当女儿向父母提出想法时，不要着急打压或否定，引导女儿说出她的看法，并且一定要引导她说出缘由，让女儿养成自我表达的习惯。

第三，告诉女儿不要被别人的评价左右。女孩是非常容易被别人的评价影响的，尤其是当别人评价她的打扮或容貌的时候。女儿穿了一条漂亮的裙子出门，别人说裙子丑，我们就要引导女儿：你喜欢这条裙子吗？如果你喜欢的话，你就不用在意别人的评价，每个人都有自己的审美，你喜欢的东西不需要他喜欢，别人的评价可以听，但别太往心里去，不然容易失去自我。

怎么让女儿学会用语言来表达情绪

当女儿只能通过哭闹、吼叫来表达自己的情绪时，我们常常会感到十分困惑，甚至可能会不自觉地用责备的语气催促她："你倒是说啊，你到底是怎么回事?"然而，这种做法往往会让女儿陷入更深的情绪旋涡，更加难以用语言来表达情绪。

那么，作为父母，我们应当如何温柔地引导女儿学会用语言抒发情绪和感受呢?

第一步，在面对女儿激动的情绪时，我们要做好"安抚"动作。

安抚的目的是给女儿提供空间和时间，让她把情绪平复下来。只有她变得冷静和理智，才会有开口说话的意愿。相反，在情绪极度高昂的时候，往往没有太多想要表达的想法，所以我们可以通过拥抱、轻拍或温柔的话语来安慰女儿，这种安抚就像温暖的阳光，会穿透情绪的阴霾，让女儿感受到安全和被理解。

第二步，引导。

这需要我们以极大的耐心和爱心，一点点打破女儿的心防，让她愿意用语言表达自己的感受。比如，我们可以这样询问女儿："怎么了宝贝？你能不能跟妈妈说一说?"假如女儿还是不愿意配合，我们也不能过于急躁，不妨以温柔的语气继续引导：“咱们慢慢聊，不着急。你看你不说，妈妈也不知道到底发生了什么，想帮你，也不知道该怎么帮啊？”通过耐心地引导和鼓励，女儿会逐渐敞开心扉，用语言来描述自己内心的“风暴”。

第三步，理解。

就是在女儿表达完自己的情绪之后，我们不要急于去否定或批评她，也不能马上进行说教，比如对女儿说：“你看，确实是你做得不对，你应该……”这种说教会成为阻断沟通的高墙，哪怕我们的情绪再稳定、语气再柔和，女儿也会意识到我们所说的是她不爱听的“教育内容”，她甚至会觉得：爸爸妈妈就是来教育我的，我跟他们说再多也没用。在这种情况下，我们是很难达到教育目的的。但如果我们换一种方式，对女儿表现出理解和接纳的态度，情况就会大不一样。比如，我们可以这样说：“妈妈理解你现在很生气，因为……”这样的共鸣式回应，会让女儿感受到被认可和被尊重，从而更愿意跟我们分享心声。

第四步，引发。

这里需要提醒大家，教育和引发是有区别的。教育就是“我说你听，我教育你”，即进行单向的灌输；而引发是“我引发你，我们一起探讨一下，看能不能找到一种更好的解决方案”。很显然，引发是双向的探讨，能帮助我们达到单向教育达不到的效果。举个例子：

柔柔考试没考好，垂头丧气地回到了家。爸爸看到考卷后很不满意，劈头盖脸地对女儿大骂了一通。柔柔很害怕，既生气又委屈，但不知道如何表达，便开始大哭大叫。这时候妈妈回到家，抱着柔柔说："好了，不哭了。咱们先把事往下放一放，要不先坐一会儿冷静一下……"在妈妈的安抚下，柔柔的情绪慢慢平复下来。妈妈见柔柔已经平静了，问她："宝贝，刚才看你哭得这么厉害，能不能跟妈妈说说到底遇到了什么事？是考试没考好吗？没关系的，谁都有马失前蹄的时候。"在妈妈的引导下，柔柔抽噎道："爸爸太过分了，用那么难听的话骂我！"妈妈立刻表示了理解："妈妈理解你的心情，我也经常被你爸骂得迷迷糊糊的……"接着妈妈话题一转，引发道："咱们这次没考好，确实让人难过。但咱们可以从中学习，下次再遇到这种情绪有变化的情况，妈妈希望你可以第一时间冷静下来，试试更加合理的表达方式。比如对爸爸说：'我确实没有考好，有几个知识点没有弄懂。爸爸，您能和我一起解决问题吗？'这样说，爸爸就不会那么生气了，还会乐意帮助你……"

分析这四个环节，我们会发现，让女儿用语言表达激动的情绪，很关键的一点就是得先让她冷静下来，然后才会有语言的表达。要知道，所有的表达都建立在理智的基础上，这是我们一定要注意的。

如何让性格很固执的女儿听得进别人的意见

女儿性格很固执，听不进别人的意见，怎么办？

首先，我们要认识到，当女儿年幼时，她的见识不够，只会相信她认知范围内的东西。

比如，她想要买某样东西，父母跟她说咱们家条件不够。女儿没有这个概念，她的想法就是我想要，你不给我买，就是不爱我，那她当然不干了。我们总觉得女儿不够理解我们，但其实这个年龄段的孩子，她认知范围内的东西就这么多，不理解父母是正常的。

其次，我们还要理解，在当下，女儿只想做某件事，因为很想做，所以无论别人如何阻拦她都听不进去。

这种倔强的性格代表的是有主见，有自己的想法，不一定都是坏事。女儿越有主见，父母越不能蛮横地去对抗，越是要情绪稳定地进行平等交流，多让女儿做选择，用选择去化解女儿的固执和执念。好的倔强代表原则和底线，不好的倔强才会让女儿变成熊孩子，关键在于能不能把握好这个度。所以在平和状态下，父母要多给女儿灌输哪些行为是好的，哪些行为是不好的。父母要在规则允许的范围内给予女儿最大的自由，如果触犯了，也要给予惩罚，但这并不代表要扼杀女儿的天性。比如，女儿喜欢疯跑，在公共场合这么做，我们当然要制止和批评，但是在操场上，我们完全可以允许女儿这样做。

最后，可以在安全范围内让女儿试错。

我们不妨再看个例子：

王阿姨带着女儿去郊游，在公园跑了好几圈，女儿又累又渴，吵着要喝水。但是王阿姨只带了一个保温杯，里面的水还很烫，于是她跟女儿商量："乖孩子，杯子里的水还很烫，不能喝，我们去那边的便利店买瓶矿泉水好不好？"渴得嗓子冒烟的女儿哪里听得进去，见妈妈不给她喝水，顿时又哭又闹。王阿姨见状，把保温杯里的水倒出一点点到瓶盖里，递给女儿。女儿接过来一喝，顿时烫得吐了出来。王阿姨趁机说："你看，杯子里的水确实很烫吧？我们一起去商店买水好不好？"刚刚还倔得像头牛的女儿立刻乖乖听话，跟着妈妈向便利店走去。

我们的孩子都很聪明，碰壁后，她就会认识到这件事情不能这么干，下次就不会跟我们搞对抗了。

女儿性格太要强，以后是不是容易“吃亏”

刚上五年级的小李事事争先，样样追求完美。她的成绩是班级里最好的，同时，她还擅长唱歌、书法、演讲……可是就是这么个优秀的孩子，在校运动会的跑步比赛中拿了第二名后失声痛哭，甚至忍不住推了第一名一把。小李的父母很担心：女儿这么要强，以后走上社会有那么多竞争，不可能每样都做到最好，她可怎么办呀？

女儿过分要强，确实不是一件好事。过于强势，可能会导致女儿没有朋友，以后和伴侣的关系也不好。同时，她的嫉妒心也会变重，让自己活得很累。总是不甘示弱，拼了命做到极致，会失去很多生活中的乐趣；一直只盯着目标和结果，会错过旅途中美好的风景。

还有另一种情况，女儿太要强，受到打击后可能会一蹶不振。有要求当然是好事，但是慕强的前提是自身内心强大。如果内在不具备滑落的能力，不计后果地要强，只会让自己遍体鳞伤。

那么，女儿性格太要强背后的诱因是什么？往往是父母经常在女儿面前夸别人家的孩子，说你看那谁多厉害。这种话说多了看似是激励女儿，其实是反向诱导，让女儿倒逼自己，倒逼自己的结果要么是逼成了，要么是逼废了，而且逼废的概率还挺高的。另外，还要思考一下，我们是不是有一些重男轻女的思想？尤其在多孩家庭中，没有做到一碗水端平，女儿不经意中听到了“姑娘早晚是要嫁出去的，儿子才是陪在身边的人”类似的话，这种话对女儿的伤害可能几年都不会消退，从而导致女儿为了证明自己过度要强，甚至和父母的关系破裂。

作为父母，我们要学会多赞美和夸奖自己的女儿，经常在女儿的面前传达：其实你也有很多长处，这件事情的结果不好，不一定是你做得不够好；你的很多准备工作，已经比别人做得漂亮了！同时一定要扭转观念，儿子女儿平等对待。

进入青春期，如何让女儿不嫌弃自己

初三（1）班的一间宿舍里，四个女孩子叽叽喳喳地讨论着。

“你们看我的皮肤是不是变白了？我现在用的护肤品是我表姐从国外给我带来的呢！”这是最爱美的莉莉。

“皮肤白算什么，隔壁班校草昨天帮我推自行车了，他是不是喜欢我啊？”班花艾米不甘示弱。

“听说咱们班的黑皮辣妹喜欢校草呢！”“那她不得开好几个美颜啊？”另外两个女孩笑嘻嘻地调侃道。

这样的场景，妈妈们是不是很熟悉？在我们青春期的时候，是不是也这样，长个痘都要焦虑半天？现在，我们的女儿进入了青春期，她们开始关注自己的身体变化，而且很容易执拗地聚焦在自身的缺点上，因此开始嫌弃自己，觉得自己不够高、不够白、不够瘦等，进而她就会觉得自己的护肤品、化妆品没有别人好，追自己的男生没有别人多，从而形成失衡感。如果她在学校被别人取了外号，即使是一些没有恶意的绰号，但因为青春期的女孩很敏感，也会受到不良影响。这时候，我们该怎么引导女儿呢？

妈妈们要主动跟女儿聊天，多跟女儿聊天，拉近和女儿的关系。没有绝对的立场，只有绝对的关系。关系近了，我们的道理才是道理；关系不近，我们的道理就成了歪理。拉近关系后，我们要给女儿树立正确的审美观。青春期的女孩大多是以网络审美为标准审视自己的身体，但其实那些网红主播都活在深层次的美颜镜头下。我们要告诉女儿，最重要的是内在的魅力美，越有自信的女孩越美丽，这个时候可以给她看一些关于自信的视频、电影，这对女儿的帮助是非常大的。

怎么帮助女儿培养审美观呢？带女儿多看世界，见识身边有气质的姐姐、有涵养的阿姨，让女儿认识到腹有诗书气自华。我们还要不断更新女儿的审美观，告诉她：美不是单一的，健康的身体可以是80斤的，也可以是130斤的；黄种人的皮肤是美的，你的小雀斑也是美的。美没有具体的标准，只要你按照自己喜欢的方式，活出自信且精彩的人生，你就是生命的主人。

女儿的装扮和性格越来越像男孩子，正常吗

孙阿姨最近有些苦恼。她的女儿加入了学校的摇滚乐队，剪掉了柔顺的长发，整天戴着鸭舌帽，穿着破洞裤，走在路上还时不时做个跳跃投篮的动作，说："不要迷恋哥，哥只是个传说。"一副酷酷的样子，一贯是贤妻良母的孙阿姨很不理解，女儿怎么活成了假小子的模样？

女儿的装扮越来越像男孩了，性格也很阳刚，这正常吗？我们首先找找女儿装扮逐渐中性化的原因，归纳起来大概有三点。一是原生家庭没有给女儿提供足够的保护和安全感，导致女儿想要通过这种英姿飒爽的中性感觉形成自我保护。二是为了追赶潮流，让自己看上去更酷一点。每个时代的审美标准是不同的，70后、80后喜欢喇叭裤，90后喜欢窄脚裤，今天的孩子喜欢中性风，什么东西都买大的，如大大的裤子、大大的鞋子，整个风格就偏向中性化了。最后一种可能是女儿确实有趋向双性恋或同性恋的感觉了，所以才把自己打扮得像个男孩一样。

作为父母，我们不用太焦虑，大多数女儿其实都属于第二种——

追赶潮流。为什么今天这个时代中性的女孩会越来越多？主要是因为时代的审美确实在发生变化，父母的思想越开放，孩子的接受程度也会越高。我们不得不承认，这个时代很多孩子处在个性化阶段，想要追求与众不同。尤其是在高考后、上大学期间、入职之初，这几个阶段是女孩有资本做自己，没有被人情和环境同化的阶段，所以很有可能想追求一下另类的风格。这个时代的女孩，经济独立、人格独立、思想独立，她们清醒地知道，她们要追求自己想过的生活，活成自己想成为的样子，不必先在婚姻中妥协。

偏向于中性的女孩，会不会成为同性恋？有这种可能，但是概率很低。这跟每个女孩的审美以及接受的文化有关。很多从国外回来的女孩，基本都是英姿飒爽的模样，小短裤，露脐装。或许我们会觉得这样的女儿缺少了一点女人味，但过几年我们会发现，步入婚姻的她该有的韵味都会表现出来。所以不用担心，要允许女儿有个性，并且尊重女儿的个性。

可能对于很多父母而言，无法接受的不是女儿的中性打扮，而是她的阳刚性格，觉得女儿没有女孩的样子，喜欢赛车、乐高、极限运动这些男孩喜欢的东西。这种想法其实不对，女儿阳刚意味着女性越来越勇敢了，女性的自信也越来越充足了。就像以前工装裤、靴子都是男孩穿的，现在女孩也特别喜欢穿工装裤，穿靴子的女孩比男孩还多。为什么？正是因为女孩身上有了力量感，愿意活出自己。所以，让女儿活得酷一点没什么不好，总比将就要强。

第二章《02

启迪智慧，铸就坚实的学业基础

女儿需要从小接受国学教育吗

现在，我们能感受到越来越浓厚的国学氛围，晨读时背诵《弟子规》，教师节身穿传统服饰的学生行祭孔仪式，《中国诗词大会》《经典咏流传》等国学类节目的占比越来越大……国学教育也成了女儿教育绕不开的话题。

女儿需要接受国学教育吗？答案是肯定的。国学教育不仅可以帮助女儿树立正确的三观，还能帮助她更好地看待问题。但是，需不需要进行过多的国学教育？这要打一个问号。时代在发展，正确的三观种子要种下，但不能拒绝和科技连接，和新时代的产物结合。

怎样对女儿进行国学教育呢？

第一，进行国学教育要趁早，在女儿小时候可以让她大量诵读经典国学书籍，女儿未必懂其中的意思，但是在背诵的过程中，这些内容会存到她的记忆里。

第二，女儿的国学教育到了一定年纪就得停一停，毕竟国学教育的圈子相对来讲比较窄，很难和新时代更好地融合。女儿长大后，不可能用传统的礼节和传统的着装进入社会。国学教育始终和现代社会有一定的冲突。所以，当女儿进入小学，可以用一年的时间，把孩子各方面该补的功课补一补，做好幼小衔接。这时，国学教育可以暂时放一放。以后，当女儿国学功底的扎实程度以及求学求知的兴趣逐渐提升后，对问题、困难、突发事件的理解也会更具有灵活性。国学讲究中庸之道，非黑即白的元素相对比较少，所以女儿在成长的过程中建立的认知不会太偏激。从小记住的经典名言，也许在他八九岁的时候就被忘得一干二净了，但是随便一次复盘和简单地翻读都可以让她轻松拾起。在谈到当今的话题时，女儿能引经据典，这对她的人生是非常加分的。

第三，在对女儿进行国学教育时，父母最好亲自下场。父母跟女儿一起学习国学，共同成长6年，亲子关系一定会更好！

应该从小培养女孩的艺术天分和才能吗

琳琳是一个活泼好动，特别有正义感的女孩，她成绩平平，却整天喜欢舞枪弄棒。开明的妈妈没有剥夺她的爱好，也没有强迫她把所有的精力用到学习上，而是根据她的喜好给她报了武术学习班。琳琳痛过、累过，但始终没有放弃，最后在妈妈和老师的鼓励下，成功脱颖而出，进入国家武术队，同时，以武术特招生的身份进入了名校，实现了自己的梦想，满足了父母的期待。

分享这个案例，是想告诉各位父母，从小培养女儿的艺术天分和才能，是必要的。女儿就是要多体验、多经历、多感受，只有见过更大世界和波澜壮阔的女孩，她的人生才能宠辱不惊。所以，要让女儿多尝试。从小让女儿参加各种各样的艺术培训，不是让她未来一定成为这方面的人，而是在无数尝试中找到自己。女儿学习艺术、增加才能，对她学习文化课同样有帮助。就好比今天做菜时盐不够了，加点酱油，不也能让这道菜有盐味吗？没有酱油，加点蚝油或味精也可以。我们追求的结果是让这道菜有咸味，大家习惯用盐，但不是非用盐不可。想让女儿上名校，文化课是盐，酱油、蚝油、味精等就是艺术与才能，这是培养女儿艺术天赋和才能最看得见的优势。除此之外，从女儿的心理成长来讲，学一些艺术或者才能，能够陶冶情操，让女儿的成长过程没有那么枯燥，不是只和书本打交道。

所以，去培养女儿的艺术天分和才能吧！让孩子尝试学习架子鼓、舞蹈、钢琴，如果觉得这些投资太大、性价比低，可以让女儿学一学跆拳道、武术乃至茶艺这些成本偏低的特长项目。不要觉得茶艺很冷门，大学同样招这些特长生。但是，不管冷门热门，成本高低，最重要的是找到女儿喜欢、擅长的领域，她才能从中收获快乐，把天赋发挥到极致。因材施教，寓教于乐，根据特长选择才艺，让女儿多体验、多感受。人生是经历的总和。

怎么给女儿报兴趣班，使她能够受益终身

张阿姨有三个如花似玉的女儿，随着女儿渐渐长大，同龄人蓁蓁开始参加各种兴趣班，张阿姨也想给女儿报兴趣班，让女儿多学些技艺。可是，种类繁多的兴趣班让张阿姨眼花缭乱，怎么选呢？张阿姨很想让女儿学弹钢琴、学跳古典舞，培养优雅的气质。但是她知道，女儿的意愿更加重要。于是，她一边观察女儿的爱好，一边带着女儿参加一些体验课。最后，文静娴雅的大女儿选了围棋，活泼好动的二女儿选了跆拳道，假小子似的小女儿选了街舞。虽然女儿们都没有选择自己中意的项目，但是看到她们每天快快乐乐，张阿姨觉得很欣慰。

怎么能像张阿姨一样给女儿报个合适的兴趣班呢？首先，兴趣班是丰富女儿课外生活的兴趣爱好。它未必会成为女儿未来的主要择业通道，但能够陶冶她的情操。在给女儿选择一个能让她受益终身的兴趣班时，一定要注意以下几点：

第一，放弃自己的固执，不要把我们自身的想法强加给女儿。

第二，切勿攀比，择长而优。我们要让女儿在自己最擅长的轨道上发挥出最极致、最优秀的状态，不要盲目地去跟周围的孩子攀比。

别人家的孩子也许钢琴弹得好，站在舞台上光芒四射，我的女儿未必是钢琴界的天才，但她也许可以成为乒乓球界的高手。所以，所谓兴趣班一定是跟女儿的爱好紧密相关的。在给女儿选择兴趣班之前，我们可以先带女儿多体验运动类、艺术类、思维类的一些课程，在女儿体验的过程中，注意观察她在哪件事情上是专注的，再在这件事情上投入时间。如果女儿在学习的过程中，感觉到压力过大，或者自身无法坚持，我们一定要及时做出正确的调整，帮助女儿寻找新的兴趣爱好。

兴趣的本身是让女儿热爱生活，爱上平时的假期，而不是让女儿依然把兴趣班当成一个压力过大的地方。学习已经够累了，如果钢琴、篮球还是不能够让她释放压力的话，兴趣班的存在也就失去了意义。女儿在学校得到的所有压力，需要在周末通过合理的方式有效输出，这便是兴趣班存在的意义。女儿未必会在兴趣班中收获奖项，但这能够让她身心平衡，健康成长。

怎么解决女儿上幼儿园抗拒离家的问题

很多父母在送女儿上幼儿园时，都经历过女儿又哭又闹，抗拒离家的过程。对于女儿来说，上幼儿园，意味着第一次离开她的舒适环境和安全地带，所以会出现哭闹、拖延、不愿意去等行为。作为父母，我们往往既心疼又无奈。很多父母会全程陪同，这其实是不利于女儿进入独立生长环境的。

如何让女儿轻松地去上幼儿园，不再抗拒离家呢？这里面有一个很重要的部分叫作升级仪式。我们来看一个场景：

爸爸带着3岁的女儿灵灵散完步回到家，发现家里变了一番模样：天花板四周挂着气球，窗户上贴着喜庆的剪纸，桌子上放着一个大蛋糕，旁边还有一个系着粉红丝带的礼物盒。灵灵算了算日子，确定自己的生日还没到，十分好奇地问："爸爸，妈妈，今天不是我的生日呀，为什么有蛋糕，还有礼物？"妈妈走过来摸了摸灵灵的头，说："今天不是灵灵的生日，但是有另外一件事同样值得高兴，值得庆祝。"灵灵问道："是什么事呢？"爸爸拍拍灵灵的肩膀说："明天我们灵灵就要上幼儿园了。在幼儿园里，灵灵可以交到更多好朋友，和他们一起快乐成长，还可以认识很多年轻可爱、风趣幽默的老师，学到很多新知识，你说这是不是一件大喜事？”妈妈紧跟着说：“当然啦，上幼儿园对我们灵灵来说也是一个大挑战，但爸爸妈妈相信灵灵一定能够挑战成功，所以提前祝贺你！”说着，妈妈把礼物递给灵灵，“快看看喜不喜欢？”灵灵拆开一看，是一个漂亮的铅笔盒，顿时爱不释手，想到明天就能用上这个铅笔盒，对去幼儿园似乎有点期待了。

在这个场景中，爸爸妈妈为灵灵准备的就是升级仪式。在女儿上幼儿园前把这个仪式做完，能帮助女儿转移内心的焦点，从“我要离开家了”变成“我要快乐地去上学了”，把焦点从离开家变成快乐和选择。这两者之间有着本质的区别，两个不同的心理暗示会给女儿截然不同的心理变化。

做完对女儿的焦点转移，父母还要注意自己的言行，我们既然选择把女儿交给幼儿园，就要相信老师，相信幼儿园的环境，把自己的不舍和担忧隐藏起来。有些父母送女儿上幼儿园，女儿在里面哭，妈妈在外面哭，这样是不可取的。我们的过度担忧会传递给女儿，增加她哭的意愿，因为她会觉得只要哭的声音越大，父母就越不会离开。这样，女儿就很难和父母做第一次有效的分离。而这第一次有效分离对女儿来说是非常重要的，是训练她的群居意识和独立生存能力的开始。所以我们要学会放手，在仪式完毕后，可以在幼儿园门口再强化一下，掏出一个小礼物给女儿：“加油，妈妈相信你是最棒的。晚上我们在此相聚，不见不散。奥利给！”再击个掌就可以离开了。

如何给女儿选择优质的小学

朵朵马上要上小学了，急坏了一家人，给朵朵选一个什么样的小学呢？家里人各有各的看法。“当然选咱家边上那家，走路就5分钟，每天我接孙女放学多方便。”最宠朵朵的奶奶说。“不妥不妥，我看还是去城东那家，那新建的体育馆可气派了，朵朵不是喜欢打篮球吗？肯定会喜欢那里的。”爷爷插嘴道。“爸妈，你们别争了，我跟孩子她妈打听过了，市中心那所学校的老师都是高级教师、特级教师，什么也比不上老师重要，朵朵肯定得去那里。”朵朵的爸爸一锤定音。

类似的场景相信在每个有儿女的家庭都出现过。小学，是女儿建立浓厚的兴趣爱好和爱上学习的一个重要阶段，是女儿提升眼界、格局的最重要的六年。因此，给女儿选择一个优质的小学，是很多父母十分关心的问题。在这里，有三点因素值得重视。

第一点是校园环境。

校园环境对女儿的成长有着深远影响，尤其是体育设施的配备。一些学校有篮球场、足球场、羽毛球场、体育馆等丰富的体育设施。这些设施的完善程度与学校的教学理念密切相关，也反映出校长对学校发展方向的定位。对于小学阶段的女儿来说，运动是最重要的一门功课，选择一所能让女儿开展各项运动的小学是十分重要的。

第二点是学校的位置。

许多父母倾向于选择离家较近的学校，方便接送。然而，我们更建议家长选择非直接交通型的学校。如果学校门口是热闹的马路或是商贩聚集的地方，女儿放学后会受到很多诱惑，形成吃零食、买玩具、拖延回家等不良习惯。因此，最好选择位于封闭道路旁的学校，这样可以减少外界诱惑。谈到这，有些父母会觉得应该让女儿直面诱惑，从而培养抵抗诱惑的能力，事实上，这个年龄段的女孩很难抵抗诱惑，与其等女儿染上坏习惯再去纠正，不如先别接触，在源头上减少干扰。

最后一点，也是父母最关心的一点，那就是学校的师资力量。

关注师资力量，最重要的就是关注班主任。班主任是女儿小学六年成长过程中的陪伴者。一个性格平和稳定的班主任能够激发女儿对学习的兴趣。所以，如果老师比较年轻，家长不必担心他缺乏经验，只要他的心态积极阳光就行；同样，如果老师比较年长，家长也不要担心他过于古板，只要他具备活力与幽默感就行。要知道小学最重要的功能是培养女儿对学习的兴趣，让她爱上学习。

女儿初入小学很害怕，如何鼓励她

莎莎从幼儿园毕业了，从毕业典礼上拿回红彤彤的奖状，却没有表现出有多高兴。接她放学的妈妈注意到了，问莎莎："乖女儿，拿了奖状，为什么不高兴呢？"莎莎说："妈妈，我有点舍不得幼儿园的小朋友和老师。"妈妈亲了亲莎莎的脸蛋，说："不要难过，过了暑假你就要上小学了，会有更多小朋友和老师。"莎莎有些迷茫地问："真的吗？可是我听说上小学就有写不完的作业，上不完的课，读不完的书，见不完的老师，还要多学很多课，我不想上小学！"

您的女儿也有莎莎这种情况吗？我们该怎么鼓励像莎莎这样，对上小学十分害怕的女儿呢？

首先，要帮助女儿建立期待。

我们可以让女儿自己选择笔盒、书套等文具，让女儿感受到自主性。将这种掌握主动权的感觉和上小学联系起来，这样有助于增加女儿对小学生活的期待。

其次，要强调小学的乐趣与新机会。

让女儿认识到，小学里有更多有趣的朋友，更多有意思的课程以及更多主宰自己人生的权限，帮助女儿顺利过渡到小学阶段。

最后，通过仪式感增强收获感。

可以给女儿举办一个生日宴会，让她感觉到自己正在迎接新的生活阶段，用特殊的仪式增强女儿对上学的期待和自信，给女儿祝福和鼓励，而不是告诉她“小学的学习压力更大了，你要更加油了”这类话，增加她的恐惧。

当女儿对上小学出现抗拒心理时，不要急着说服女儿，而是要多跟她描绘小学的美好图景，让她做一些目前力所能及的决策，慢慢进入幼小衔接的过程。同时，还可以看一看有没有女儿的幼儿园同学和她进入同一所小学，把他们的名字告诉女儿，让女儿感觉到上了小学也不孤独，她曾经喜欢的小伙伴也跟她来到了同一所学校，有可能还在同一个班。对女儿来说，最需要的就是玩伴，如果她的玩伴依然和她在一起，那么她对上小学这件事就不会太抗拒了。

女儿小学六年的学业规划该怎么做

小珍有一对让同学们非常羡慕的父母。他们从不给小珍施加学习压力，每逢寒暑假，必定带着小珍去游山玩水，才上三年级的小珍已经见过青青草原、茫茫戈壁、汪洋大海……是同学中见“世面”最多的人。小珍的父母还很尊重她的意愿，她喜欢什么，父母就带她学什么。现在，每个周末都会去学习书法和钢琴，在艺术的熏陶中释放压力，收获进步。在这样的环境下，小珍健健康康、快快乐乐地成长着，深深热爱着身边的一切，是大家眼中阳光自信的好女孩。

小珍的阳光自信，源于她的父母优秀的学业规划。很多父母觉得，女儿终于上小学了，可以把她完全交给班主任，不用管她了。事实上，这种观点大错特错。小学，是女儿立学、立德的关键时刻，她的眼界、见识、价值观以及对学习的兴趣，都将在这六年打下牢固的基础。所以，帮女儿做好小学六年的规划，是非常重要的。那么，要怎么帮女儿进行规划呢？可以从以下三个部分考虑。

第一部分是旅行规划。

女儿上了初中和高中之后，出去旅游见世界的机会会越来越少，所以，要在女儿小学六年期间，做好她的第一规划——旅行规划。小学六年，有12个假期,规划好这12个假期，想一想带女儿去哪些城市走一走、看一看，在我们还有机会带着女儿去看世界的这六年，千万别放过每一个寒暑假。

第二部分是兴趣规划。

小学六年，是女儿的兴趣爱好从懵懂走向明白的时期。上幼儿园时，女儿对世界的了解还不够深刻，到了小学，她已经能够掌握一些基本的技能了。所以，在这六年中，摸索女儿的兴趣，是父母要做的第二个规划。

第三部分是学习规划。

小学是摸底女儿对哪一门科目最感兴趣的阶段，她是对文科感兴趣还是对理科感兴趣？她是表达能力强还是逻辑能力强？她是艺术天赋好还是体育天赋好？都要在这六年形成基础的判断。当我们得到最初判断后，就要把她的长处发挥到极致，而不要再追求平衡式发展。如果女儿的理解能力、阅读能力、表达能力、沟通能力优于常人，可以让她参加主持人、小记者一类的培训班；如果女儿的逻辑能力、思考能力、建模能力比较强，乐高等思维训练项目可以提上日程；如果女儿的表演欲旺盛，是个天生的小演员，那么可以选择舞蹈、话剧等舞台类项目作为发展方向；如果女儿天生好动，精力无限，不妨对她进行运动类训练；如果女儿性格内向，不爱说话，也不必担心，琴棋书画、诗酒花茶，总有一样是适合内向的孩子的。

所以，外向也好，内向也好，无论女儿是什么模样，总有一条适合她的学习道路。当我们把三大规划做好了，让女儿在小学期间热爱生活，热爱自然，热爱世界，到了初高中的时候，女儿自然不容易出现心理疾病。从现在开始，让我们一起行动起来吧！

怎么给女儿树立正确的考学目标

小雨上高中了，学习压力变大，成绩也没有小学、初中时理想了。小雨一时间有些迷茫，不知道自己未来能进入什么样的大学。小雨的父母并没有单纯地说教，而是带着小雨参观了北大和清华，小雨被这两所名校的学习氛围和环境深深感染了。妈妈告诉小雨，这就是名校的底蕴。闲暇时，爸爸妈妈还会跟小雨聊不同的职业，小雨渐渐有了明确的目标：她要考上北京大学，成为一名历史研究者。

当女儿进入初、高中后，我们就要开始思考她的学业规划了，初中的家长可能比较多的是在思考女儿未来要进入什么样的高中，考入什么样的大学，而高中的家长则开始行动起来，为女儿规划学业和职业，帮助女儿实现梦想。

给女儿树立一个正确的考学目标，我们能做的有很多，除了专业的介入之外，我们更要了解女儿对哪所学校比较感兴趣。如果想让女儿考上985、211院校，我们可以带着她去参观一些名校，感受一下这些学校的校园环境。当女儿觉得在这样的校园中学习是非常享受的事时，她的学习斗志自然就被激发出来了。

如果我们没有条件让女儿亲身进入这些学校体验，那我们还可以用文字和语言来描绘。通过查阅资料，和女儿分析学校的校风、基础设施以及大概的师资组成，探讨这所学校对女儿的未来有哪些帮助。例如，这所学校总占地面积有多少亩，有多少个分校区，有多少个食堂，有多少个篮球场，培养出了哪些优秀的学生，里面有没有女儿心中的榜样人物？想要给女儿树立正确的考学目标，观和讲是两个最重要的部分。曾经有一个八九岁的孩子跟着老师去了一趟北京，参观了清华北大。回来后，这个孩子定下目标：要考上北大，原因是他在游学时有一位清华的教授告诉他北大的录取分数线是680分。孩子的心里埋下了高考680分的种子，他最终能不能考上北大不得而知，但心中有目标的学习和没有目标的学习，本质是不同的，这个目标一定会对孩子的学习有一些帮助。当然，除了讲名校的校园环境外，我们还可以多给女儿讲讲职业发展，比如某一类型的工作岗位未来的就业环境大概是什么样子，是白领、金领还是蓝领？是创业者还是打工人？当女儿听完这些后，她会逐渐对自己想要的人生有清晰的认识。我们要多问女儿想要什么样的人生，告诉她为此应该付出怎样的努力。

总而言之，有条件的家庭就多带女儿看，没有条件的家庭就多给女儿讲，帮助女儿树立正确的考学目标。

感觉女儿是个“学渣”，怎么补救

女儿在班里成绩一直不理想，似乎是个“学渣”，该怎么激活女儿的学习动力，提升她的成绩？首先，作为父母，我们不能产生畏难情绪，发现女儿的成绩不好就头疼、焦虑，只会一味地找更牛的补习老师，这样往往事倍功半。女儿的成绩之所以不理想，是因为女儿没有找到学习的真正乐趣，导致她进入了躺平状态。

女儿对于自己的成绩不好这件事不会无动于衷，她不是不想变好，而是在无数个想变好的瞬间，我们没有为她添加上优质的燃料。或许我们给女儿加了无数柴油，但女儿需要的是优质汽油。什么是优质汽油？鼓励，赞美，无条件支持，只有让女儿在学习上得到充分的信任，她才愿意用良好的状态再努力一次。这里有一个真实的案例：

在美国的一处贫民窟里，生活着一群黑人孩子，他们旷课斗殴，无所不为。一天，校长来到教室，宣称要为孩子们看手相，预测未来。当一个孩子伸着小手走上讲台时，校长说：“我一看你修长的小拇指就知道，将来你是纽约州的州长。”这个孩子大吃一惊，因为他是班里学习最差，最调皮捣蛋的孩子，但孩子记住了校长的话。从那一天起，“纽约州州长”就像一面旗帜，约束和鼓舞着这个孩子，他时时以这个标准要求自己，努力学习，勤奋向上。在五十一岁那年，他真的当上了纽约州州长。看，外人的一句鼓励都能起到激励作用，何况是来自父母的肯定呢？

我们要找到女儿的兴趣点，放大女儿的兴趣点，把兴趣点变成目标。再差的“学渣”也有兴趣爱好，不管是体育还是艺术，甚至是手机游戏、网络小说，这些爱好可能是阻碍女儿学习进步的大山，但我们可以把大山变成动力。

举个例子，电子游戏的尽头是职业玩家，职业玩家的尽头是在大学读电竞专业，在大学读电竞专业的核心是考上一所好的大学，而优秀的成绩是必要的。所以，当我们明白了女儿的兴趣爱好后，应该让女儿意识到：我要实现这个梦想，就必须学习。同时，多带女儿见一见她的兴趣领域里的优秀人物，发挥榜样的力量。比如，女儿喜欢踢球，我们可以找几个球踢得很好，成绩也很好的球员，让他们成为女儿的目标，唤醒女儿对学习的驱动力。再比如，女儿很讨厌英语，可以带女儿去美国旅游，为了能够更好地在美国旅游，女儿自然会把英语学好。父母能够认清这个逻辑，就不会再对女儿的兴趣爱好加以否定，相反，甚至会予以认可，因为这有可能成为女儿成绩提升的一个优秀的跳板。

如何帮助女儿发现学习的意义

女儿没有学习动力，觉得学习没有意义怎么办？我们首先要明白学习的背后是什么。学习的背后是兴趣；兴趣的背后，是为了实现梦想；梦想的背后，是见过的世界，了解过的故事；故事和世界背后，是父母的描绘。所以，父母给女儿描绘什么样的故事，女儿就会拥有什么样的梦想。

有了这个认识，我们就明白了如何培养女儿学习的兴趣：第一，观名山大川，通过看山看水看世界，让女儿思考自己未来想变成什么样的人，明白自己为何学习；第二，观古圣先贤，让女儿意识到自己应该成为像他们一样的人；第三，观名人传记，多读一些现代成功人士的传记，这里也要包含女儿喜欢的明星，让女儿看到这些名人经历的挫折和困难，体会他们百折不挠的精神，激励自己克服困难；第四，观生命奇迹，让女儿听通过学习改变人生命运的真实故事，久而久之，女儿就会像故事中的主人公一样，渴望通过好好学习来改变现状，从而把学习的意义挖掘出来。

由此可见，“观”这个字非常重要，观一观这个世界上的好生活是什么样子的，这些好生活都是通过好好学习得到的；再观一观没有好好学习的人生又是什么样子的。当女儿心中有了对比，有了明辨是非的能力，自然也就懂得了学习的意义。一些著名企业的创始人，他们的名字旁边都带着名校的标签，也就意味着女儿想要成为更优秀的人，首先要进入更优秀的环境。只有推开一扇优秀的门，才有机会认识一群优秀的人。女儿肯定希望未来自己能过得更舒服，所以前期的努力非常重要。人生就是先苦后甜的一个过程，当女儿明白了这个道理，自然就明白了吃学习的苦的意义。最后举个例子：

小英喜欢打篮球，整天想去篮球场，在教室里压根坐不住，学习也是一塌糊涂。面对老师和父母的批评，小英总是不以为然：我要当篮球运动员，好好练篮球就是了，何必读书学习？爸爸发现小英的想法后，给她买了姚明的传记。在传记中，小英发现姚明在成长过程中克服了许多困难，不仅刻苦训练篮球技术，还努力学习英语和文化知识，最终在国际赛场上取得了优异成绩。小英这才明白，要想在自己喜欢的领域有所成就，必须全面发展，努力学习。从此，小英依然积极参加篮球训练，同时也开始刻苦学习，她梦想着自己未来能够成为“女姚明”！

要找到正确的学习方法。正确的学习方法是由简入繁，由易入难，在简单中找到乐趣，再慢慢攻克一个又一个难关。面对女儿的学习，我们不要总想着一步登天，教育女儿就是一个拉着蜗牛慢慢散步的过程，从60分到61分，再到62分，循序渐进，终有一天女儿会成为满分的自己。慢慢来，先激活女儿学习的兴趣，用正确的学习方法找到学习的意义，最终让女儿养成终身学习的习惯。

总而言之，女儿不爱学习的核心原因有三点：一、没有梦想；二、老师不会教；三、父母不爱学习。认识到问题所在，对症下药，女儿的学习自然就变得顺风顺水了。

给老师送礼，女儿就一定能受到优待吗

应不应该给老师送礼，让老师给女儿更多关照？应该送礼，但送礼的目的不是让老师关照女儿，而应当出于对老师的尊重。师者，所以传道受业解惑也。我们应该发自内心地尊重老师，而不是把老师当成义务工作者或廉价劳动力。自古以来，求学就有束脩之礼，随着时代变化，落到今天送礼这件事上，我们应该怎么送？

首先，不要送过于昂贵的礼物，这会让其他的家长无法和你共同完成。其次，不要太过隐晦地给老师送礼，老师也不会收。那么，送什么礼物比较合适呢？送礼注重的是心意，不妨选一些能表现家长和孩子心意的礼物。我们先来看一个场景：

格格上四年级时重新分了班，换了新的班主任和任课老师。格格的爸爸寻思着给老师们送点礼，让老师们对格格多多关照。这么想着，他准备给老师们一人送一块名贵的手表。格格的妈妈知道后，阻止了格格的爸爸，妈妈带着格格给每位老师画了一幅画，画的是老师在课堂上认真讲课的场景，并在旁边写上对老师的感谢话语。在家长会上，妈妈让格格亲手把画送给老师，老师非常感动，对格格的关注也更多了。

像格格的妈妈这样，送一些女儿亲手制作的礼物，比如手作月饼、手工折纸、手绘贺卡等，和孩子一起将这些礼物带到老师的生活场所，共同完成礼物的赠送。这类礼物老师一般都会接下来。另外，也可以在平时的节假日给老师送上一束鲜花，送满天星，寓意着老师就像天上的星星，照亮着这个世界的美好；送太阳花、向日葵，寓意着老师像太阳一样照耀着这一群可爱的少年；送百合，寓意着老师品质纯洁、高尚、美好。除了送花之外，父母也可以做一些手工，如编织的围巾、漂亮的刺绣、自己裁剪的衣服等都可以。

礼轻情意重，老师在感受到我们心意的同时，也会间接地对我们的女儿有一些关照。过于昂贵的礼物并不是体现心意，而是体现经济实力，这对女儿来讲未必是一件好事。教育不能被资本绑架，应该以心换心。当我们用真心去对待老师，老师必然也会用真心教育我们的女儿，我们的女儿也必将更加用心地学习。愿我们都能以一颗赤诚的心去给老师送礼。

写作业拖延磨蹭，有没有好的解决办法

女儿写作业拖延磨蹭，往往是因为父母没有边界感。女儿从小没有接受过有效的、系统的时间管理训练，自然容易拖延和磨蹭。此时如果父母再施加语言的暴力，对女儿进行吼叫和责骂，诸如“昨天跟你刚说完，今天又犯了，你到底要多久才去写？”“现在不写，晚上又不知道要熬到几点了，每次都这样，我就没见过像你这么拖拉的”，就会陷入恶性循环。

吼叫和责骂无济于事，想要纠正女儿写作业拖拉的行为习惯，要给她明确规则，设定指令。我们可以用“一个准备 + 四个方法”来解决这个问题。

一个准备：

把吃喝拉撒相关的事解决掉，该洗澡洗澡，该吃饭吃饭，该上洗手间上洗手间，然后完全清空桌面，把与写作业相关的物品摆放整齐，这就做好了准备工作。

四个方法：

第一，列计划。把当天的所有作业列一个清单，完成一项钩一项，随时把控进度。

第二，复习。在写作业前的10分钟，帮助女儿复习当天的学习内容，以便更高效地完成作业。

第三，认识现实。不会做的题目不要纠结，留到最后，由简入繁，由易入难，先挑简单的写，写完了慢慢去攻克难题。

第四，总结。女儿写完作业后，先让她自己检查一遍，然后由家长负责修正。在指出错误的过程中，父母一定要及时明确这个错误是审题的错误、公式的错误，还是结果呈现的错误，再进一步指出具体错的地方，下达正确的指令，让女儿针对性地解决问题。

所以，下次发现女儿写作业拖拖拉拉时，我们可以这样做：

看到女儿在书桌前磨磨蹭蹭，一会要喝水，一会要吃小零食，妈妈干脆说："宝贝，我们先吃饭吧！吃饱了才有力气学习。"吃完饭后，妈妈问女儿："宝贝，还要不要喝水？要不要去趟厕所？"女儿都摇摇头否认了。

妈妈于是把书桌上的小零食、水杯、校牌这些乱七八糟的东西都收到一边，然后把作业本和书本摆在干干净净的桌面中间，说："喏，咱们吃饱喝足，准备写作业喽，让妈妈看看今天都有什么作业。"说着，妈妈接过女儿记作业的本子，问道："宝贝，你都完成哪些部分了？哦，这个抄写做完了，那我们给它打个钩，口算也做完了？真棒！好了，还剩下这几条，赶紧把它们都勾掉好不好？"说完，妈妈把课本递给女儿："宝贝，先把老师今天课堂上讲的内容复习一下，等会我们一鼓作气把作业完成！"女儿复习完，很快进入了专注写作业的状态，妈妈也走开去忙自己的事了。

等妈妈收拾完厨房回来，发现女儿肉眼可见地烦躁起来，妈妈探头一瞧，女儿正在数学卷子最后一道大题上较劲呢！妈妈连忙安抚她："宝贝，不着急，这道题难度大，咱们先放一放，先做其他的。来！把这几个英语单词先背了，最后再去做那道题。"

等其他作业都完成后，女儿重新把目光放到那道大题上，因为没有了压力，竟然很快就答出来了。女儿高兴地叫妈妈："妈妈，我把作业都做完了！"妈妈表扬道："真棒！不过，咱们还差最后一步，你把做的作业都自己检查一遍，一会儿妈妈再来帮你检查。"女儿听话地在书桌前坐下，拿起作业检查起来，很快改正了两个错误。这时，妈妈才走过来，一项一项仔细检查起来："你看这里，题目要你求的是小亮的年龄，你怎么算的是小明的？还有这里，这个公式是不是缺了点什么？导致后面都算错了……"在妈妈的纠正下，女儿很快改正错误，今天的作业完美收官！

女儿熬夜写作业，该批评还是该心疼

小月今年六年级了，学业任务很重，每天都有写不完的作业，熬到深夜是家常便饭。小月的妈妈看在眼里，既心疼又无奈，她也不过是小学毕业的水平，小月做的那些题对她来说犹如天书。在学习上帮不上忙，妈妈只好在生活上关心小月。每次看到小月挑灯夜战，她就准备一杯热牛奶，悄悄放到小月的桌角上。后来，小月作为优秀毕业生上台分享时，动情地说："妈妈每天晚上的热牛奶，给了我无言的支持和安慰，是我无数个夜晚坚持下去的动力！"

女儿才上高年级，就要写作业到深夜。作为父母，我们可以提供些什么帮助呢？首先我们要接受这个事实，现代社会竞争激烈，学习压力大，女儿挑灯夜战、悬梁刺股是一种常态。很多父母看到将近半夜12点了，女儿的房间还亮着灯，女儿还在拼命学习，往往会忍不住来到女儿房间，跟她说："实在不行咱们明天学吧，放一放。"父母觉得这是好意，女儿却很烦躁地说："知道了知道了，你好烦，你出去，我这道题都要研究明白了，你一干扰我，我又忘了。"甚至有些父母还会问孩子："今天作业写得怎么样了？还有多少？几点钟才能做完？明天几点起床？”这些话其实都是在增加孩子的心理压力。作为父母，我们要掌握三个小技巧：

第一，不打扰。

尽量不要干预女儿的学习，女儿上高年级了，要相信她已经有了自学能力，千万别打扰他。

第二，不干预。

很多时候我们看不懂女儿做的题，千万不要自以为是地凑过去说：“这么简单的题都不会。”既然我们帮不上忙，干脆就别干预，让女儿独自面对挑战。

第三，送一些吃的或喝的。

我们可以像前例中小月的妈妈一样，给女儿准备一杯热牛奶，或者切一些她爱吃的水果。在女儿秉烛夜读的时候，悄悄送进她的房间。注意，是悄悄的，千万不要跟女儿过多对话，因为这可能会干扰她的思路，甚至影响她学习的进度。在这种时候，我们每说一句话，女儿都觉得很烦，因为她的焦点在试卷上，不便分神进行沟通。作为父母，要多一些理解，把东西放下，就可以撤了。第二天早上起来看到女儿没吃，千万别来一句：“昨晚给你准备的东西你怎么不吃？放一宿又放坏了，你这孩子真是的。”没吃就没吃，我们把东西放在那儿，该吃的时候女儿自然就吃了。这些物品是为了让女儿放松，不是为了激化新的矛盾。当女儿想要放松时，喝上一杯果汁，吃上两个橙子，便是给自己做了心理调节。

高年级学习压力确实增大了，我们要尽量不打扰、不干预，配合女儿的工作，这样更有利于女儿高效地进行自学，这个时候，重点是防止女儿压力过大，出现心理问题。

女儿抗拒写作业，怎么处理

女儿抗拒写作业，一遇到难题就不愿意思考，直接说不会，该怎么处理呢？首先作为父母，我们有三句话不能说："这道题确实挺难的。""这个题我也不会。""这么简单你都不会，你都学了什么?"这三句话一旦出口，容易和女儿产生矛盾，加重她的畏难情绪。那我们应该怎么引导女儿呢?

可以在第一句话后面多加一句："这道题确实挺难的，那你想想应该怎么办？爸爸妈妈相信你，你一定可以！加油！宝贝!"这叫共情。如果我们只是习惯说"这道题确实挺难的"，女儿就会觉得，爸爸妈妈都觉得难，说明这道题真的挺难的，慢慢地，以后遇到挑战，她就不积极寻找解决方案了。加上后面这句，是为了鼓励女儿多动脑，勤思考，以找到答案。

但是，只是共情是不够的，这些话仅仅是鼓励，并没有提供解决方案。女儿得到的只是心灵上的鸡汤，精神上的慰藉，现实的问题还像一座大山一样拦在她面前。想让女儿自己找到解决方案，她未必能找得到，因为个人的力量，尤其是孩子的力量确实有限。这个时候做父母的要学会及时进场，和女儿共同解决问题。协同作战一定优于单兵作战，我们成年人遇到困难尚且渴望来自身边人的鼓励，何况孩子？而比鼓励更重要的，是陪伴；比陪伴更重要的，是和女儿一起找到解决方案。

帮助女儿找到更好的解决方案是父母的职责之一。很多时候理解和共情并不难，难的是真正坐下来帮助女儿。女儿有时难以开口，未必真的会把畏难情绪表达出来，也未必会邀请父母一起解决，所以父母要学会察言观色，在女儿碰到难题不认真学，有畏难情绪时，要主动进场，陪她一起克服困难。举个生活中常见的例子：

女儿在家写作业，忽然被一道题卡住了，她犹豫了一下，跑去找爸爸："爸爸，这道题好难，我做不出来。"爸爸看了看题目，觉得难度在女儿可以接受的范围内，只是女儿一时没有想到，于是鼓励她："好孩子，这题确实不简单，但也不是特别难，你加油想一想，想想今天新学的知识点，一定能找到解决办法的！"女儿回去认真地思考了一下，豁然开朗，想到这么简单的点自己都没发现，有些不好意思。于是在碰到第二道难题时，好强的女儿犯了倔，不愿再向父母求助。她绞尽脑汁想了半天，还是没有思路，不免有些灰心，想着放弃算了。这时，过来检查作业的爸爸不动声色地问道："宝贝，是不是遇到困难了？你年纪还小，遇到困难是正常的，有爸爸妈妈在呢！"女儿羞涩地说："这道题我不会做。"爸爸仔细看了看，说："这道题确实有点难，你看，我们可以先把这个长度算一下，它是不是正好和这里相等？"爸爸巧妙地点拨了一下，女儿顿时想明白了，她高兴地说："我明白了，谢谢爸爸！"说着，就顺顺利利、高高兴兴地把这道题写完了。

女儿沉迷追星，放弃学习，如何挽救

刘阿姨的女儿巧巧最近迷上了追星，她的房间里贴满了偶像的海报，整日塞着耳机听偶像的歌，开口闭口就是："我老公……"眼看马上要期末考了，巧巧却毫无心思学习，正计划着去参加偶像的演唱会。刘阿姨为此和女儿吵了好几次，却无济于事。

后来，在咨询了心理咨询师后，刘阿姨改变了策略。她认真地了解了女儿的偶像，发现他确实是一个正能量的人物，刻苦努力，阳光开朗，不骄不躁。

当女儿再次说起"我老公怎样怎样"时，刘阿姨接上话茬："妈妈最近听了他几首歌，确实唱得很好，听说他刚出道就拿了好声音金奖，真是很厉害啊！"女儿很惊讶，惊讶之后，便是开心，她开始跟刘阿姨分享有关偶像的点点滴滴，也说起自己是怎么迷上他的。在这样的氛围中，母女关系逐渐缓和，刘阿姨还带着女儿一起去参加了女儿偶像的演唱会，和女儿一起在现场大喊大叫。

从演唱会回来后，刘阿姨惊讶地发现，女儿依然热爱她的偶像，但心思也逐渐回到了学习上，女儿说："只有自己变得更优秀，以后才能和偶像站在同样的高度。"

这个故事告诉我们，女儿沉迷追星和不爱学习，完全不是一回事儿。不要把女儿不爱学习的原因全部推到追星上，事实上，有很多成绩好的孩子也追星，甚至还有些孩子因为追星，成绩变得更好了。所以我们不能混为一谈。

女儿为什么会追星？研究发现，自卑的孩子比自信的孩子更容易追星。荧屏上的公众人物的某一句话正好点燃了女儿的内心，女儿就会觉得：哇，好帅啊，好温暖啊，好有力量啊！然后为之疯狂了。所以女儿追星不爱学习，甚至放弃学业，归根结底是她在成长中太缺少父母给予的肯定和爱了。没有足够的爱，女儿的内在往往是匮乏的。试想一下，一个距离那么遥远的人物都能占据女儿内心的大部分空间，她的内心世界该是多么空虚呀？很多追星的孩子都戴着口罩，连拍照都不愿露脸，其实就是内在的力量感太弱了。

那么，女儿追星有问题吗？这个问题见仁见智，有的父母觉得加分，有的父母觉得不加分。但是，当女儿已经到了不愿上学的地步，父母就要及时介入了，父母的正确引导是非常重要的。首先看看女儿追的星是谁，归纳整理这个明星身上优秀、精华的部分，并激励女儿。父母最好也喜欢上这个明星，这样才能真正和女儿保持同频。如果这个明星在当地要举办演唱会，不如和女儿一起去参加，和女儿一起欢呼、尖叫，做一个有效的陪同。一场大型演唱会给女儿带来的力量感是很强的，可以帮助孩子释放压力。

所以，面对女儿沉迷追星，要做好接纳、陪同、参与、共建工作，化阻力为动力，让女儿在合理追星的同时，正向作用于学习。

第三章《03

纠正行为，发挥习惯的隐形力量

怎么做才能让女儿爱上阅读

想让女儿爱上阅读，应该怎么做呢？首先，提供良好的阅读环境。把书桌收拾得干净整洁，没有其他分散注意力的东西，女儿才容易静心，容易专注，从而进入阅读的状态。反之，如果学习环境过于嘈杂，女儿就很难静下心来。不要说孩子，就是我们在看书时，旁边的手机突然弹出一条消息，我们也会在不经意间分神。除了布置好书桌的小环境，也不要忘了家里的大环境，在房间、客厅里摆满各种各样的书籍，让女儿沉浸在书海中。摆书不是为了让女儿每本都看，书放在那儿，就有它的功能、它的意义。也许一百本书，女儿只在某天摸出两本，读上一两篇，这两篇内容可能对她的人生就有不一般的意义。

经营好阅读环境，想让女儿彻底爱上阅读，父母还要做好榜样，给自己也安排一些跟阅读有关的活动，比如定时参加读书会，体验户外郊游阅读。在户外读书，在户内读书，让女儿看到我们大多数时候都在阅读。晚清名臣曾国藩家中就放满了藏书，在教育子女读书时，他总是以身作则，自己先读、多读，再把自己的阅读经验传给子女，让子女一起读书。

书中自有黄金屋。读万卷书不如行万里路，但是行万里路前必须读万卷书，这两者是相互结合的，没读过万卷书，就没办法理解行万里路的意义。为什么呢？读书先是读成一个平面，然后在万里路中把这个平面变成立体，最后再阅人无数，就知道此人是好是坏，是君子还是小人。读过万卷书，就会知道君子和而不同，小人同而不和；女儿就会明白在日常生活中面对什么样的人，要用什么样的方式打交道。爱上阅读是一个习惯，必须从小抓起。当然，在这个过程中，我们也别太着急，先让女儿从图片类的书籍开始读，再慢慢接触以文字为主的书。不要一上来就让女儿接触哲学、生死这类境界非常高远的书籍，那容易打击女儿的阅读兴趣和信心。同时在女儿阅读时，父母还要做好价值观的建设。

最后，让女儿爱上阅读，还有一些小技巧，比如让女儿养成睡前阅读的习惯。在女儿睡觉之前，爸爸妈妈拿着一本童话故事来到女儿床头，让女儿在清脆的阅读声中缓缓入眠。另外，家里可以循环播放一些书籍，不论是经典书籍，还是有益于身心的童话故事，这些有声图书可以营造出阅读的氛围，让女儿对阅读有一个正确的认识。

人可以没有学历，但是不能没有知识。让女儿爱上阅读，比考试考高分更重要。也许女儿的成绩未必优秀，但是只要喜欢阅读，她的人生一般不会太差。开卷有益，从父母做起。

如何培养热爱运动的女儿

可可的爸爸是个运动达人，每周都会带着一家人出去运动，如爬山、打球、游泳……在可可家的墙壁上，贴着一张大大的运动打卡表，上面列着每周的运动项目，爸爸还经常组织家庭运动比赛，只要可可赢了，打卡表上就会贴上一面小红旗，每一面小红旗，都是一张愿望卡。现在，可可已经拿到了五面小红旗，她也成了班里的“小运动达人”。家长会上，很多父母羡慕地问可可爸爸：“您是怎么让女儿爱上运动的呀？我家孩子不愿意运动，体质差得很。”

所有孩子刚来到世界时都是动态的，为什么随着年龄的增长，女儿逐渐不爱运动了呢？很多时候是因为她缺少运动的环境。

想让女儿爱上运动，首先，要建立一个运动打卡指南。何谓运动打卡指南？以我家为例，每周日是我家的全家运动日，在这一天每个家庭成员都有运动任务，包括羽毛球、乒乓球、篮球等各种跟户外运动有关的项目。这个项目不仅女儿要参与，父母也要参与。随着时间的推移，女儿逐渐养成了运动的习惯。当她提出想下楼打会儿球时，我们一定在第一时间给予肯定和支持，让他明白强身健体的重要性。

其次，在每周运动打卡的基础上，我们还要进行竞赛，评选出第一名，给予奖励。例如本周的运动打卡项目是慢跑，爸爸妈妈和女儿三个人一起完成一次10公里的慢跑打卡，谁率先抵达终点，谁就可以获得一次想要任何奖励的机会。女儿赢了，晚上想吃肯德基、烧烤、麻辣烫都可以；爸爸赢了，晚上想在家做饭，那就得听爸爸的。女儿为了吃上这顿肯德基，在比赛中就会有取胜的动力，通过设置目标，我们可以帮助女儿完成运动量。

最后，想让女儿爱上运动，父母一定要学会放下手机。很多时候，父母拿着手机往沙发上一坐，自己都要生根发芽了，怎么能指望孩子热爱运动呢？想要女儿放下手机，父母先要放下手机，爸爸可以在客厅做仰卧起坐或者平板支撑，母亲可以做一些普拉提、瑜伽之类的拉伸训练，在家庭中营造热爱运动的氛围。

怎么给女儿做好时间规划管理

最近抖音上有一个非常火的短视频，博主发了100多条作品，拥有近80万粉丝，视频的主角是博主年仅13岁的孩子小泽，视频的内容则以小泽教大家做菜为主，前期是小泽的妈妈拍摄剪辑，后期则由小泽自己完成。在这个过程中，小泽也从喜欢睡懒觉变成每天主动5点多起床为父母做早饭。很多粉丝在羡慕赞美之余忍不住想：这是多么有钱的家庭，才能给孩子提供如此丰富的教学条件。

其实仔细观察这些短视频，能够发现小泽的家境并不是很好。但是小泽的妈妈知书达理，相对开放。很多父母觉得孩子的时间管理做得不够好，把大量的时间浪费在电子产品上。小泽的妈妈却反其道而行，当大家都在抖音上挥霍时间时，她把抖音变成了记录美好生活的开始；当大家都沉浸在短视频中时，她却利用短视频记录孩子成长的点滴；当大家都沉溺在短视频中时，她从众多短视频中筛选出优质的做饭视频，让孩子学习并实践、记录，最后剪辑成自己的短视频。

虽然小泽做饭不是为了给妈妈做一顿好吃的早餐，而是为了录一段优秀的短视频，发到平台上给粉丝们看，但还是让人不禁感叹，真正利用好一些工具，哪怕是一些我们认为对女儿没有帮助的工具，也能成为助力的跳板。当女儿沉迷手机时，我们能不能想一想，手机也许可以成为我们帮助女儿规划管理时间的一套系统，比如小泽的有些视频，短短数分钟就记录了自己的一天：买菜、做饭、吃饭、刷题、浇花、拖地……虽说这一天小泽都在忙于拍摄，但不可否认的是，他确实做了很多事：作业写了，家务做了，甚至视频也剪出来了。这么有效的时间管理，背后的原因可能是小泽想在众多粉丝面前证明自己，但是不论这个动机正确与否，小泽确实高效地把工作给完成了。

女儿无法做好时间规划管理，是不是因为我们没有制定出一套有效的呈现方式，她没有被看见，没有获得认同感？粉丝既是监督者，也是追随者；既是学习者，也是追光人。当女儿受到如此多的粉丝的认同，她便会在这件事上越做越好。那么这些粉丝也就成了女儿的"父母"。

优秀的女儿背后离不开优秀的父母，想让女儿做好时间规划管理，未必需要列出一张作息时间表。女儿不是机器，不可能我们告诉她做什么她就做什么。育儿需要方法，我们需要学会借助工具来育儿。好的奖惩制度，可以有效帮助女儿更好地管理时间。

接下来，不妨冷静地想一想，女儿每天都需要做些什么？除了写作业、运动、做家务之外，我们能不能再增加一些她感兴趣的事，帮她记录生活？如此，也许她能把事情做得更好。

如何培养女儿正确的金钱观

小美和小丽是同桌。小美的妈妈每周都会给小美一笔固定的零花钱，小美用自己的零花钱买自己想买的东西。小丽的爸爸粗枝大叶，每次都是小丽用完手头的钱再找爸爸要。小美羡慕小丽不用像她那样精打细算，小丽则羡慕小美能够管理自己的小金库。

什么时候给女儿零花钱？如何给女儿零花钱？是像小美的妈妈一样定期发放，还是像小丽的爸爸那样随时发放？首先，在女儿4—5岁时就可以给她零花钱了，5—6岁必须开始给了。即使女儿没有花钱的地方和需求，也要给她零花钱，这样可以帮助她认识到钱的重要性。

钱是什么？是货币，它能够帮助我们得到想要的东西，是我们手里的筹码。那么，怎么给女儿零花钱？有一个“四定原则”：定时、定量、定期、定点。

定时，就是在固定的时间给女儿发放零花钱，要么周三，要么周五，要么每月一号，总之要确定一个准确的时间；定量，就是固定每次发放零花钱的金额，这个金额可以根据家庭情况，在跟女儿商量或者全家人表决后确定下来。值得注意的是，给女儿的零花钱要比男孩稍多一些，女儿富养是有一定道理的，女孩在消费上会比男孩多一些需求，比如她可能想买一些小挂件、小贴纸，父母要为她多做一些预算；定期，就是固定按照星期或者月作为一个周期，不要想到就给，这个月忘了，下个月补上，都是不合适的；定点，是指这笔零花钱不必通过我们的手给女儿，她可以在定好的时间点出现在女儿的书桌上、家里的鞋柜上，让女儿像领工资一样，在固定的周期固定时间固定的地方领到固定的金额。如果她想提前预支，就要承担下一个周期没有零花钱的结果，这样可以有效训练女儿花钱的方式。

很多父母在给女儿零花钱的时候，容易进入一个误区：随便给，要了就给，不要就不给。女儿找完妈妈要，又找爸爸要，在金钱上没有形成有效的规划。这对于培养女儿正确的金钱观是非常不利的。没有正确的金钱观，女儿长大后会走向两个极端：一个是特别不敢花钱，给周围的人买最好的，给自己买最廉价的，不敢对自己做投资，比如家里的酱油放久了，上面已经浮了一层油；盐放久了，变成一坨一坨的，她都觉得可以继续用，这种过度的节约会让女儿形成很不好的消费意识；另一个极端是过度消费，从小没有被满足，女儿长大后就会报复性消费，疯狂购买超过自己承担能力的物件。

如何培养女儿正确的金钱观？在坚持“四定原则”的基础上，告诉她钱可以花在哪些地方，同时要培养女儿记账的习惯。父母可以每两周查一次女儿的账本，如果账本上出现几次记账失误，那么可以适当地给点惩罚，比如停发下个月的零花钱。让女儿养成记账的习惯，知道钱去了哪里；做好理财，对培养女儿正确的金钱观有非常大的帮助。最后要给女儿设立明确底线，告诉女儿：如果有人找你借钱，一定要告诉爸爸妈妈，爸爸妈妈不是不同意你借钱，而是要了解这笔钱的用途是什么，多久归还。

女儿在家很懒，如何从小培养女儿的做家务能力

王阿姨和李阿姨是对门的邻居，两家的女儿年龄相仿，经常互相串门。一个周末，王阿姨带着女儿去李阿姨家吃饭。酒足饭饱，李阿姨的女儿主动帮忙洗碗、擦桌子、扫地，王阿姨的女儿却往沙发上一靠，开始看电视。王阿姨又尴尬又羡慕地问李阿姨："你家女儿真懂事，我家那个可太懒了，一点家务活也不愿意干。"李阿姨笑笑说："你呀，就是太能干了，你什么都干了，让闺女干啥呢？我平常身体不好，时不时要女儿搭把手，时间久了，她早就习惯和我一起做家务了。"

培养女儿做家务的能力应重视10岁之前的关键时期，5—10岁更是建立其做家务习惯的黄金时段，越是那些看似不适合该年龄段孩子承担的家务劳动，越应鼓励其参与尝试，如洗衣、做饭、扫地、拖地等家务，在家长力所能及的范围内，尽量引导女儿去完成。这时如果发现女儿很懒，不愿意做家务，多半是因为父母过于全能。父母在家庭事务中大包大揽，使女儿丧失了锻炼自身能力的机会。

首先，为了培养女儿的做家务能力，父母可以适当“示弱”。

比如，在洗菜进行到中途时，可以对女儿说：“闺女，你在忙什么呢？妈妈实在累，你过来帮忙把剩下这点菜洗完好不好？”再比如，扫地扫得差不多了，垃圾堆在一处时，可以向女儿求助：“闺女，麻烦帮我把簸箕拿过来。”等女儿拿来簸箕，我们把垃圾扫进去，然后倒进垃圾桶，整个过程就顺理成章地完成了。家长刻意为之，目的在于让女儿参与到家务协助中。

其次，家庭内部可以构建一套有趣的家庭标准。

例如，做饭由妈妈负责，买菜由爸爸承担，洗碗的活归女儿，并且可以轮替。要从小为女儿植入分担家庭职责的意识。

再者，每周或每月开展固定的家庭大扫除活动。

妈妈打理卧室，爸爸打扫客厅，女儿负责整理自己的房间，全家共同参与劳动，通过这种方式让女儿养成做家务的习惯。

最后，引导女儿形成一个习惯。

比如吃完饭后起身示意其他人“我吃好了，大家慢用”，然后把自己的桌面垃圾清理到碗中，把碗筷收拾妥当后送至厨房洗碗池中，如此这般，可以培养女儿做家务的习惯。

女儿不愿做家务，很大程度上是由于父母在她幼年时期过度代劳，导致女儿失去了动手能力，也失去了整理自己衣物的能力。事实上，整理物品的过程，其实是在整理自己的内心。例如，家中的衣柜可以定期整理，对杂乱之处加以规整，整理完后呈现出焕然一新的感觉，会让女儿领悟到干净与舒适对于人生的重要性。

女儿娇生惯养，怎么培养她“吃苦”的能力

现代社会，生活条件好了，很多家庭对于女儿真像掌上明珠一般呵护，父母对孩子过度疼爱或保护，尽力为孩子承担一切艰难困苦，长此以往，女儿容易陷入认知的误区，把自己当成养尊处优的公主，对家庭事务漠不关心。这种孩子在进入社会环境后，抗打击能力往往比较弱，内心敏感脆弱。

要让女儿具备吃苦的能力，首先要明白女儿应该吃什么苦。吃苦的类型大致可以分为思想上的苦和身体上的苦。让女儿在成长过程中适当吃一吃这两种苦，经历得越早，越有利于她的长远发展。所谓思想上的苦，是指当女儿面对困难时，她需要用大量的时间去琢磨、思考，最后完成挑战。女儿一个人面对挑战时，会因为没有办法或者找不到解决方案而产生畏难情绪，这个时候父母要理解她的情绪，及时协助她。比如，有一道题女儿实在做不出来，我们不是把她摁在桌子前逼她认真想，而是和她一起探讨这道题的难点，一起寻找解决方案，最后通过引导的方式，让女儿找到答案，这个时候女儿会因为找到答案而收获一份小窃喜。

身体上的苦，包括帮妈妈拎菜，帮爸爸干活，帮爷爷奶奶整理家

务等。父母要巧妙地在孩子面前“示弱”。父母越善于示弱，女儿就会越坚强。女儿无法吃苦的根源，往往在于父母代劳了家庭中本应共同承担的责任。对于女孩而言，自幼积极参与家庭事务、投身社会实践活动，对她个人的成长具有极为显著的助力作用。千万不要片面地认为女儿只需专注于学业，而忽视了对女儿其他方面能力的培养。

可以让女儿报名参加有趣的冬夏令营活动以及别具一格的户外拓展活动，或是带着女儿参与登山、冲浪、游泳这些有一定挑战性的运动，慢慢训练女儿的抗打击能力，这样对女儿的帮助会很大。

2022年北京冬奥会上，谷爱凌在前两跳失利的情况下顶住压力完成了最后高难度的一跳，夺得银牌，大家都称她有一颗“大心脏”，这与她从小接受的抗挫折教育是分不开的。谷爱凌在滑雪训练和比赛中遭遇过很多挫折，但谷妈妈一边陪伴在女儿身边，让她宣泄自己的情绪，一边给她设计针对性训练，帮助她提升短板，最终培养出这位优秀的滑雪运动员。

很多事情在初始阶段往往轻松惬意，到了中后期，艰难险阻便会接踵而至。比如攀登珠峰，乘坐直升机抵达珠峰大本营或许轻而易举，但后续的登顶之路就需要强大的心力与顽强的毅力，否则难以坚持。相较于身体与思想层面的苦，心灵层面的苦更加复杂与艰难。所谓心灵层面的苦，指的是在挫折面前不明白坚持下去的意义；对于一些现象和做法难以理解，不能释怀。怎么训练女儿吃心灵层面的苦呢？一方面，要告诉女儿：发生了冲突先道歉才叫有格局；能够主动道歉，还能安慰别人的人才是高手。当这种语言经常出现在女儿的世界里时，她就会慢慢理解别人的疾苦；理解了别人的疾苦后，她的内心就没有那么苦了。另一方面，要多带女儿亲身感受世间的疾苦，带她去参观养老院、孤儿院等机构。对于自幼娇生惯养的女儿而言，这种经历尤为珍贵，能够极大地促进她的成长与成熟。

怎么让女儿摆脱玩游戏上瘾的毛病

女儿玩游戏上瘾，是很多父母头疼的问题，尽管一些游戏公司推出了防沉迷系统，但成效不尽如人意。想要解决这个问题，我们首先要弄明白为什么玩游戏容易上瘾。

游戏设计都是根据人性底层逻辑来构建的，遵循由简至繁、由易到难的原则。就拿“吃鸡”游戏来说，当玩家处于最低等级时，对手中机器人占大多数，真实玩家可能不到十分之一，这些机器人对手还击能力弱，普通玩家也能轻松斩获八九个人头，获得强烈的成就感。

此外，游戏还设置了丰富多样的激励机制，如登录奖励、周度奖励、月度奖励、季度奖励以及赛季清零等。以《王者荣耀》为例，每日登录皆有奖励，连续登录七日奖励更为丰厚，这就叫阶梯式奖励；每个季度的赛季清零能够让玩家重燃挑战欲，玩家获胜后内心充满了胜利感。

最后，游戏明确赋予玩家身份标识，从青铜逐级晋升成为荣耀王者，从区级到大国标，中间多达十余种晋升通道。当玩家处于青铜段位时，会憧憬晋升到更高段位；不同段位所获的奖励不同，吸引玩家力求每回合都能获胜。

由此可见，游戏设计的本质在于牢牢把控并大量占用玩家的时间。

有了这个认识，我们可以在生活中模拟游戏设计，与电子游戏争夺女儿的时间。在现实生活中，我们可以为女儿举办各类活动并设置相应的奖励，比如完成特定家务即可获取奖励，用积分制的形式，每日完成一点点，积累到一定阶段后获取阶段性奖励，将游戏设计的机制巧妙应用到女儿身上。这里分享一个案例：

萱萱两岁时便开始接触各种电子产品，她的父亲不仅不反对，还全程陪同女儿使用电子产品，在使用过程中锻炼她的逻辑能力。有时候女儿玩电子游戏节奏很快，爸爸不能完全跟上，就在旁边听女儿分享游戏经历，在夸她的同时不动声色地引导她："宝贝，你好厉害！玩游戏都这么牛，学习肯定不会差！"后来，萱萱果然在区考中取得了班级第一的好成绩。所以，女儿玩游戏未必会对成绩产生负面影响，关键在于父母如何引导。

想让女儿摆脱手机的控制，父母要多带她游山玩水，多和她沟通交流，让她有更多的兴趣爱好。女儿在现实生活中能够获取到足够的快乐，就不容易在虚拟世界中迷失自我。游戏本身不一定会摧毁女儿，但父母的漠不关心、引导失当，加上游戏的潜在影响，极有可能对女儿造成严重伤害。

女儿爱化妆打扮，过分注重外表，该支持吗

2022年5月，一位即将毕业的女大学生把头发染成了粉色，然后带着硕士录取通知书和病床上的爷爷合了影，并把合照发到了网上。正是这样一个举动，让这个对未来充满希望的女孩遭受了铺天盖地的网暴，最终选择自杀。

女儿爱化妆打扮，喜欢染头发、做指甲，父母该不该支持？爱美之心，人皆有之。女儿爱美本身没有任何问题。别说女儿自己，我们作为父母，从小就应该把女儿打扮得漂漂亮亮，让女儿从小就认识到自己是女孩。有些家长在打扮女儿的时候可能会听到一些风言风语，诸如“从小把女儿打扮得太精致，长大后她会嫌贫爱富，爱攀比”这类话。事实上，这完全是偷换概念，女儿长大后如何，与我们的教育方式有关。外在打造和内在修炼同样重要。作为父母，我们在精致打造女儿的外表的同时，也不要忘了把她的灵魂塑造得有趣。

回到女儿爱化妆打扮这个话题上，我们要调整的其实是她审美的方式。如果我们希望自己的女儿走古典路线，可以多带她看一看戏曲或者古典音乐剧，给女儿确立一个比较正式的美的标准；如果我们本

身比较开放，对于女儿染个指甲、做个头发完全可以接受，那当然问题不大了。父母需要着重关注的，是女儿在这个阶段有没有过度追求美，只注重外表而忽视了内在。

女儿为什么会过度追求外在形象？很大一部分原因在于内在的给予感和笃定感不够强烈。一个人在外形上过度装饰自己，一定是因为内在的东西不够丰富。我们可以看到很多成绩好的孩子即使化妆，风格也比较朴素，妆容上特别夸张的孩子一般成绩都不是特别优秀。如果女儿出现这种情况，我们一定要注意提升她的内在。另外一种情况是，女儿过分追求美，是因为她的社交圈里出现了这种人，女儿在攀比心的驱动下开始追求夸张的造型，这时要及时给女儿换个环境，让她从这个圈子里抽离出来。如果这两种情况都没有出现，那么关注一下女儿最近在看的小说、短视频或者新闻，看看是不是对女儿产生了一些误导，尽早察觉，及时引导。

作为父母，我们一定要关注女儿的内在，看到她的底色、她的三观，不要盲目给她贴上“非主流”“叛逆”这类标签。只要女儿的内在是积极的，追求美又有什么问题呢？

到了夏天，女儿爱穿吊带衫、超短裤，合适吗

夏天到了，丹丹迫不及待地穿上自己的吊带裙准备和闺蜜去逛街。妈妈看到了，忍不住阻止："丹丹，你这穿得也太暴露了，去换一件衣服吧？"丹丹小嘴一噘，小脸立刻垮了下来。爸爸连忙问道："丹丹，你准备和好朋友去哪里逛？晚饭回不回来吃？"丹丹回答："我们就去旁边的步行街，一会再去看个电影，晚饭前肯定回来了。"爸爸于是做主："行，那你去吧，注意安全，早点回家。"看着丹丹快快乐乐出了门，爸爸又劝妈妈："女儿到了这个年纪，爱臭美那是肯定的，丹丹虽然穿得少，也没有太暴露，何况这青天白日的，何必让孩子扫兴？"

女儿爱穿吊带衫、超短裤合适吗？可能在很多传统的父母看来，女儿出门就应该衣着淡雅质朴，不应该太跟风、太新潮，一些过短的衣服显然不适合穿。甚至网上有很多言论说女孩穿着暴露，就是为了给男孩看、吸引男孩。

但事实上，现在这个时代已经发生了很多变化，女儿穿着暴露和穿吊带衫、超短裤有着本质的区别。女儿追求青春靓丽，想展示自己最好的身材这件事无可厚非。需要把握的是穿着的场合和尺度。女儿

穿着吊带衫、超短裤去什么地方？如果是大晚上去夜店、酒吧、大排档，穿着暴露，受到侵害的风险必然升高；如果是白天去步行街、商场、下午茶餐厅、游乐园，即使穿着清凉，遇到危险的概率也几乎为零。把握好场合，再注意尺度，年轻的女孩穿一条超短裙或者超短裤，上身衣服大大的，盖起来，下边搭一个靴子，这种穿搭并没有什么问题。作为新时代的父母，我们要改变一些根深蒂固的想法，通过一个人的穿衣方式而随便给人贴标签定性的行为是不妥的。

夏季穿着吊带衫与超短裤并非绝对不可，但是要综合考量社交环境与所处场景。如果女儿生活在一线城市，社交圈层偏向中高端，大体无妨；如果女儿生活在地方性的城市，当地文化氛围较保守，穿着就不宜太暴露。国外的穿衣风格明显比国内开放，这是文化层面的差异，本质上还是因为所处的环境不同。

前两年形象美学盛行之际，很多女性以内衣外搭西装为时尚，第二年潮流过去，大家的穿搭风格又恢复正常了。时尚潮流变幻无常，在合适的年龄段适度展现自身魅力并无不妥，但是要精准把握尺度，谨慎选择场景，不要给他人以可乘之机，给自己招致风险。

女儿喜欢洛丽塔、JK 制服、cosplay，该支持还是反对

周阿姨的女儿又去上海参加漫展了，周阿姨觉得自己是越来越看不懂女儿了：女儿出门前穿着奢华的服装，戴着花花绿绿的假发，化着浓艳的妆。女儿告诉她，这是在cosplay某某某。周阿姨听不大懂，只好去找自己的好姐妹陈阿姨诉苦。陈阿姨是一家外贸公司的服装设计师，听了周阿姨的话，带着周阿姨和她的女儿一起去巴黎参观了几次服装周。在不同文化的熏陶下，周阿姨也潮流起来，不仅不再对女儿的行为感到困惑，还能够欣赏和提出建议，母女关系也越来越亲近了。

女儿喜欢穿洛丽塔、JK制服，喜欢cosplay，该支持吗？很多家长可能对这些名词都有些陌生，这其实是一个二次元系统。对于女儿来说，她对世界做了几个划分，分别是一次元、二次元和三次元，一次元是小说，二次元是动漫，三次元是现实世界。有很多家长觉得自己的女儿服装奇异，不符合自己的审美，其实换个角度想一想，如果我们的同龄人中有人穿着长袍，留着长辫，我们能接受吗？可能也不

会接受。但是在清末，这样的打扮我们能接受吗？每个时代的人的审美是不一样的。时代在发展，审美在变化，女儿的穿搭也许不符合我们的审美，但是符合她同龄人的审美，而同龄人才是构成她未来社交圈子的主力。所以孩子喜欢穿洛丽塔、JK制服等，我们不能一概反对，但也不能完全支持。因为女儿一旦完全沦陷在二次元的动漫世界里，可能会变得很宅，也可能会被一些风气影响，最终离现实世界越来越远。毕竟理想是理想，现实是现实。

如何鼓励女儿追求理想而又不会和现实脱节呢？可以多带女儿参与一些有意思的活动，如大型电影节。有条件的话，可以去巴黎看一看时装周，我们会发现那里面的很多服饰也很奇异。很多我们的传统思维接受不了的东西，在另外一个空间、另外一个世界可能是合理的。换一个角度看待女儿的行为，很多问题就不是问题了。作为父母，我们要尽可能拓宽自己的视野，这样我们和女儿沟通时就会轻松很多，教育女儿时也会更加得心应手。

如何防止女儿沉迷网络小说

谈到网络小说，比较庆幸的是，现在网络环境逐渐绿色化，很多小说已经颇为干净，很少出现敏感词汇，所以女儿看网络小说，不用太担心她被“黄赌毒”毒害。女儿读的网络小说，都是类似于伪装学渣、傲娇七小姐、废柴七小姐等类型的，这样的网络小说我们自己可能也在追更，所以不必把网络小说一棍子打死，禁止女儿接触这类小说。堵不如疏，要防止女儿沉迷网络小说，我们务必剖析清楚网络小说的内在逻辑架构。

网络小说一般都设置了付费功能，并且往往将付费的节点设置在小说的精彩之处。网络小说的设计本质上属于商业行为。和正版文学小说不同，文学作品创作完成后即告终结，网络小说常常在章节结尾处设置诸多“痒点”，譬如女主即将复仇成功、男主即将上位时便戛然而止，欲知后事详情，需付费阅读下一章，而下一章又会衍生出其他复杂情节。总之，始终吊着读者的胃口。这类文章就是俗称的“爽文”，让人越读越畅快，渐至沉迷上瘾。就像80后爱读金庸、琼瑶的作品一样，我们的女儿爱读网络小说，载体不同，实质相仿。

如何防止女儿沉迷网络小说？我们先来看一个场景：

小红最近迷上了网络小说，每天拿着手机废寝忘食，把零花钱全部花在付费解锁小说新章节上，毫无心思学习。妈妈看在眼里，急在心上。在小红因为零花钱用完而开口请妈妈帮忙充值时，妈妈看了一眼小说题目是《伪装学渣》，漫不经心地说："嗨，我一看名字就知道后面讲的是啥，肯定是那个学渣要一鸣惊人了，没准他还是个富家少爷，到时候把那些看不起他的人全部打脸。"

第二天，小红看完这本小说，惊讶地对妈妈说："妈妈，你说的一点也不错，太厉害了，你是怎么猜到的？"妈妈说："你看了这么多小说，没发现都是一个套路？就说上一本《废柴王爷》，不是跟《伪装学渣》一模一样嘛！"小红一想还真是，就是换个模子罢了。妈妈趁热打铁："而且呀，你看这些小说每次都是到男主准备翻身的时候要我们付费，这不是坑人嘛，剩下的内容猜都猜到了。"小红想到自己那流水般花出去的零花钱，有些心疼起来。妈妈说："所以啊，咱们可不能当这个冤大头，走，妈妈带你去图书馆看免费的、一下就能看到大结局的书！"

就这样，小红渐渐从网络小说中走出来，虽然她依然时不时会看一些网络小说，但再也没有影响到自己的学习和生活，现在，小红掌握了套路，准备自己试着写一本网络小说呢！

所以，当女儿想看网络小说时，首先要给予支持，然后在女儿阅读的过程中，慢慢引导她发现网络小说的底层设计：每次都在最精彩处突然中断，迫使读者消费。当女儿意识到这一点后，及时告诫她不可深陷此坑，同时将网络书籍转换为实体书籍，十天半个月带女儿去一趟图书馆，看看纸质的文学作品。当然，网络小说中亦有佳作，有些优质网络文学能够拓宽人的视野，如果女儿喜欢看网络小说，可以引导她读这些优秀的网络文学作品。

开卷有益，女儿养成了阅读习惯是好事，我们只需在阅读方向上适当加以修正即可。随着女儿年龄的增长与阅历的增加，女儿会逐渐成熟，不再沉迷于网络小说中。

如何彻底改正女儿的坏习惯

女儿的坏习惯总是反反复复出现，怎么办？很多家长都发现，女儿的问题出现之后，我们找到了解决方案，也执行了这个方案，但是今天制订的计划明天或者一周后又被女儿的行为打破。

芳芳过生日的时候，妈妈送了她一部手机，母女俩约定，每天只能玩一小时。芳芳坚持了一周，妈妈发现她玩手机的时间变成了1小时零5分；过了两三天，又变成了1小时10分。妈妈于是和芳芳进行了一次谈话："芳芳，你今天玩手机的时间超了10分钟，下次再犯，就罚你一天不能玩手机。"芳芳满口答应，然而三天后，芳芳玩手机又超时了。妈妈说到做到，第二天果然不准芳芳碰手机。这样反复磨合了几个月，芳芳再也没有超时过，每次时间一到，就乖乖把手机上交。

发现女儿打破规则，我们一定要尽早干预。女儿玩手机的时间从1小时零5分变成1小时10分，如果不干预，慢慢就会变成1个半小时，乃至2小时。等变成2小时的时候再去下功夫就晚了，所以在1小时多的时候就要约谈。先是口头警告，然后执行惩罚措施，让女儿意识到问题的严重性，并学会自我修正。

当然，即使对女儿执行了惩罚措施，一次两次后，她还是会再超时，再犯错。教育是一个反反复复的过程，每个人都有惰性，都需要被监督，问题反反复复出现，就需要反复督促。

除了在问题出现后对其进行纠正，作为父母，我们也要不断提醒女儿避免犯错。比如，我们跟女儿约定每天玩1小时手机，到了50分钟的时候，我们没有提醒她还剩10分钟；到了1小时的时候，没有提醒她时间到了；等到女儿玩手机的时间超了10分钟时突然大发雷霆，这显然是不合理的。女儿很多时候确实没有时间观念，父母就要起到督促的作用，告诉她“还有10分钟”“还有5分钟”“时间到了”，循序渐进，逐渐培养女儿的自律意识。边界和规则都是随着成长慢慢建立起来的，没有规矩不成方圆。

随着年龄的增长，女儿的自律意识会越来越强。切忌在女儿的坏习惯没有成型前就过度焦虑，那样只会适得其反。教育是一场马拉松，别把它当成百米赛跑，每个人都有一些小毛病，积极地鼓励和表扬，能有效降低坏习惯出现的概率，但这并不代表能完全杜绝坏习惯。教育是一个反反复复的过程，在反复中女儿会变得越来越好。

第四章《04

精进教养，提升思维与品德的格局

女儿习惯性说谎，怎么才能改变

期中数学试卷发下来了，晓丽简直不敢相信卷子上那80分的分数，翻了翻试卷，才发现自己因为粗心算错了一道大题。晓丽忐忑不安地回到家，妈妈问道：“晓丽，期中考试成绩出来没？这次数学考了多少？”晓丽刚要回答，想起上次自己考90分时，爸爸大发雷霆，妈妈伤心失望，到嘴边的“80分”鬼使神差地变成了“100分”。妈妈笑道：“我们家女儿就是厉害，卷子带回来了没？”谎言已经出口，晓丽只得又编了一个谎言：“这次大家都考得很好，老师让大家在课上订正好后又把卷子收上去了。”妈妈深信不疑，招呼晓丽：“宝贝辛苦了，快先吃饭吧！”晓丽见妈妈没有细究，松了一口气。这次尝到了说谎的甜头，晓丽开始变本加厉，等到妈妈发现时晓丽已经成了一个满嘴谎话的孩子。

从上面这个事例中，我们可以知道，女儿习惯性撒谎，大概率是曾经有很多次不敢表达真实想法的情况，所以选择用谎言代替真实。比如女儿某次考试考砸了，担心父母斥责，就会谎报分数。很多时候，父母面对女儿欠佳的成绩时，确实会流露出过激情绪或进行过度指责，如此一来，女儿下次便不敢如实汇报，逐渐用虚假信息来蒙骗过关。一旦女儿尝到撒谎的“甜头”，发现说谎可以让自己在短期内免受惩处，便会致力于编织更大的谎言。这种情况如果不及时止损，把女儿的思维引至正途，女儿就会走上歧路。不在她的心田播种“庄稼”，那必然会长满“杂草”。女儿长大后，很可能会言行不一。一个谎言需要用一百个谎言去弥补，这对女儿的长远发展极为不利。

因此，追本溯源，作为父母，我们要更多地理解女儿非最佳状态时的表现，并学会真心实意地接纳。让女儿知道，不论她表现如何，爸爸妈妈都不会指责她。让女儿不因低分而恐惧，不因犯错而恐惧。教育孩子本就是一个从错误走向正确的历程，如果无法接受女儿的错误，如何接受她的正确？如果不能接受她的失败，如何接受他的成功？如果不能接受她身处至暗时刻的模样，如何迎接她的高光时刻？所以，正确接纳女儿不佳的成绩、错误的行为，接受她处于人生低谷的状态至关重要。

当女儿意识到自己可以用真实的语言去表达时，怎会耗费心思去撒谎？让女儿讲真话的关键在于接纳。当女儿逐渐察觉讲真话仍能获得父母的接纳时，便不会再以谎言应对父母，这对她的成长大有裨益。这是我们在教育中采取的最正确的方法，也是教育的意义所在。

发现女儿喜欢攀比，聪明的家长怎么做更合适

女儿喜欢攀比，是很多家长都头疼的问题，女儿比完衣服比鞋子，比完穿的比吃的，仿佛无穷无尽。这时，很多父母往往会产生一些情绪，觉得自己的女儿很虚荣。事实上，家长不良情绪的背后，是因为买不起，做不到。所以，在面对女儿攀比时，我们首先要处理好自己的情绪，然后才能客观冷静地对待这件事。

女儿为什么会喜欢攀比，别人有的她也要有？一方面她希望在同龄人面前表现自己，通过“我拥有”这个状态让小伙伴觉得她很酷；另一方面，可能是别人在她面前炫耀，让她感到不自在了。我们要明确一点，有攀比心的孩子挺好的，能够被激将法激活，说明她还有救，如果女儿都不想比了，那才是可怕的事。父母要纠正的不是攀比本身，而是攀比的内容。如果女儿攀比的不是物质，而是成绩，何乐而不为呢？那么，怎么引导女儿进行正确的攀比呢？

上了初中的小眉变得很爱攀比，今天想要和同桌一样的名牌鞋，明天要和前桌一样的名牌手表……小眉的父母都是工薪阶层，哪里买得起那么多奢侈品？于是，小眉的妈妈频繁带小梅参加公益活动，有时候去孤儿院，有时候去聋哑学校。小眉在见过那些不幸的孩子后，

渐渐不那么爱攀比了，妈妈把她转到全市最好的中学，新班级里的同学都铆着劲较量成绩、排名，妈妈告诉小眉："女儿，你看你表姐出国留学回来，创办了自己的公司；你堂哥名校毕业，好多单位抢着要他。你要努力变得像他们一样优秀，未来才能过上自己想要的生活。"小眉听了，也开始和同学比学习、比才艺，进步越来越快。

第一，多带女儿参加公益活动，让女儿看看那些不如她过得好的孩子，看看他们的生活是什么样，从而认识到这个世界上还有很多条件不如她的人，要学会知足常乐。

第二，当发现女儿已经处在攀比物质的状态，要及时调整她的圈子，把她从攀比物质的圈子引导到攀比人生成就的圈子中。

第三，把女儿的攀比心转化成内驱力，帮助她找到自己的梦想，我们可以告诉女儿："宝贝，妈妈觉得你特别棒，你想要什么，能够勇敢地表达出来，这很好。但是妈妈也要告诉你，人要学会为自己想要的东西去付出努力，你要想一想，你要用什么样的努力去得到它。以后，你要通过自己的努力，得到更多想要的东西。"即使女儿的梦想可能暂时只是住别墅、开豪车，那也没有问题，努力的本质是相通的。

女儿追求物质这件事情并非绝对的坏事，如果她合理地、清醒地追求物质，对她未来的婚恋是有一定帮助的。她不会轻易迷失在爱情的谎言中，她会从现实角度去看待自己的丈夫，思考他能够带给自己怎样的未来。她会活得相对更清醒，懂得拒绝，也懂得选择。

女儿很霸道，喜欢动手抢东西，该如何教育

梦梦是班里的“小霸王”，经常抢同学的东西，有时甚至还会推人打人。梦梦的父母带着梦梦去咨询了心理医生，心理医生告诉父母，梦梦正处在成长的敏感期，要多给她一些耐心和包容。后来，梦梦再出现抢东西的行为时，爸爸妈妈不再气急败坏，而是心平气和地给她讲道理。慢慢地，梦梦改正了这个坏习惯，成了乖巧的好孩子。

很多女孩都是文静、听话的，但也有一些女孩攻击性比较强。比如在公园看到了可爱的小狗，她在看的时候，别的小朋友也凑过来看，她就直接去挠人家；比如看到别的小朋友有好玩的玩具，她就抢过来；甚至坐个电梯，其他小朋友稍微靠近一点，她就直接动手了。这些时候，父母只能尴尬地道歉，因为觉得丢脸，经常会疾言厉色地批评女儿。

其实这种类型的女孩，大部分是因为从小没有建立起清晰的边界感，不懂得如何尊重别人。这种孩子可能正处在成长的敏感期，作为父母，我们要多给女儿一些时间，耐心且反复地引导她。今天谈了，明天好了，后天又犯了，那就再引导一遍，一遍又一遍，反复不断地

教导，慢慢女儿就改好了。另一种情况是家里过于溺爱，把女儿养得十分娇气，在家自己碰不得，出门后别人也碰不得。这种时候我们要明确地告诉女儿：不可以这样，出去玩我们要学会尊重别的小朋友，别人的玩具你想玩，可以主动大方地问人家愿不愿意借或者一起玩，如果对方拒绝，那也不要强求，毕竟不是自己的东西。如果女儿有打人的行为，第一次警告，第二次罚站，第三次直接把她抱回家。

这些霸道的行为都是属于成长性的问题，不要过于放大它，等女儿长大一些，有了更多的规则感，会逐渐好起来。

女儿记仇，嫉妒心很强，家长怎么应对

女儿喜欢记仇，说她几句就会记恨很久，怎么办?

记仇这件事本身并没有太大问题，人人都会有自己的情绪，即使是成年人，也免不了记仇。对于小学阶段的女儿来说，她的记仇往往是一些很细小的事。比如你拿了我的发卡，你动了我的铅笔，你翻了我的书包，你把我书本的位置给弄乱了。这些小事都可能会引起女儿内心的不快乐，甚至导致她记仇很久，你今天动了我的东西，明天我也要动你的东西。

作为父母，我们首先要做到了解，放学路上主动和女儿沟通，看看她有没有记仇的习惯。当发现女儿有记仇的习惯时，及时去引导。

佳佳放学回家，气呼呼地向妈妈吐槽："妈妈，今天同桌小明拿了我的笔，我讨厌他!"妈妈连忙问："他为什么要拿你笔啊?"佳佳说："我把笔放在桌子上，他顺手就拿过去用了。"妈妈笑道："佳佳呀，你说有没有这种可能，小明有个特别着急的作业要写，他的笔又正好坏了，他觉得和你关系不错，又觉得你是个特别大方的人，所以把你的笔拿去用了，这是他对你的信任呢?"佳佳若有所思。妈妈又说："宝贝呀，我们要当一个大方的孩子，不要计较这么多，你看因为这点小

事你已经气了15分钟了，多不值得，我们赶紧让它翻篇吧！要是你真的不想别人动你的东西，你就用完东西物归原位，把它放进书包里，不给别人随便乱拿的机会，好不好？”佳佳点点头说：“好的妈妈，我知道了。”

上面的事例就是一种正确的引导模式，告诉女儿大方一些，我们不可能把所有东西据为己有，学会主动和别人分享，心大了，事就小了。另外，父母还可带女儿多做做公益，做一些利他的事。

所以，女儿记仇不可怕，可怕的是记仇演变成报复性行为，影响女儿的人格成长，让女儿的心理变得扭曲。作为父母，我们要把女儿记下的仇，通过我们的语言化解掉，发现女儿和别人闹矛盾，及时帮助他们沟通和和解，一笑泯恩仇。

独生女家庭，孩子比较自私，要怎么培养

女儿是家里的独生女，是全家人的掌上明珠，这样的家庭很容易培养出自私的孩子，我们如何避免把女儿养成自私的个性呢？

有这样一则新闻：

一所学校的老师点了外卖，让学生帮忙去拿。孩子拿外卖的过程被一个家长记录下来并顺手发到了网上，引起很大的争议。很多家长觉得，我的孩子来学校是上课学习的，老师怎么能让孩子去拿外卖呢？其实这个老师的做法从另一个角度来讲是没有问题的，麻烦孩子做事情，本质上是让孩子有一个“我被需要”的感觉。就好比放学后，有些老师会留几个孩子收拾一下教室的垃圾，把桌椅摆放整齐。老师并不是自己做不了，只是有意让孩子帮忙做点事，让他在劳动的过程中觉得自己是有价值的。

回到话题本身，为什么独生女家庭比较容易培养出自私的孩子？因为当家里只有一个宝贝女儿的情况下，很多父母会觉得女儿就应该像公主一样养着，不能让她干太多的重活、累活、脏活。其实这个逻辑是完全不对的，女儿之所以会自私，就是因为参与感太低、存在感

太少，没有被需要的感觉。在她的世界里，爸爸妈妈帮她把所有的事都干了，大到洗衣做饭，小到明天穿什么、吃什么，都由父母一手包办了。

看到这里，很多父母又会进入另一种状态，马上对女儿说："宝贝，妈妈好累，今天这顿饭你做好不好?"当我们刻意地去干这些事情，一天反复要求女儿很多次，反而会显得没那么真实。女儿很聪明，她能感觉到父母是在要求她，不是真的需要她，这会适得其反。所以，我们一定要深刻理解被需要的含义，即我们今天真的很累，真的很需要女儿。

薇薇正在客厅里看电视，听到妈妈在厨房叫她，跑过去一看，妈妈疲惫地坐在椅子上，指着煤气灶上滋滋作响的菜说："薇薇，妈妈今天身体不太舒服，有点累了，你能不能帮妈妈把这个菜做了？你加点盐再翻两下就好了。"薇薇立马答应："没问题妈妈，我来吧！"薇薇做好菜端上桌，妈妈一尝，差点咸哭，但还是表扬薇薇："宝贝，没想到你第一次下厨，就能做出这么好吃的饭菜，不过，下次要是再少放点盐，味道就更好了！"

当我们发出请求，其实是为了让女儿有被需要的感觉，从而找到自己的价值。这样，她才会变得不自私，而且还会越来越有担当和责任感。

怎么鼓励女儿找到梦想

女儿没有梦想怎么办？怎么激励她找到梦想？

人之所以会努力，是因为见过更宽广的世界，视野被拓宽了，见到了更厉害的人，想要成为他。梦想就是内驱力，有了梦想，就懂得了生命的意义；没有梦想，就是行尸走肉，生活迷茫。

激活女儿的梦想有四条通道，第一，游历大好河山，带女儿多走多看；第二，读古圣先贤的著作，通过古人的故事来激励女儿，让女儿变得更优秀；第三，多给女儿讲名人轶事，让女儿了解这些人的成长史，从而受到鼓舞，比如：

有一个人叫恩佐，他从小以著名足球运动员梅西为目标，希望成为像梅西一样的人。恩佐的家境并不是很好，但他的父母全力支持恩佐的梦想。终于，在2022年的世界杯，恩佐进入阿根廷国家队，与梅西同队踢球，成功站到了自己的偶像身边。

斯库林从小就热爱游泳，斯库林的爸爸为了让斯库林坚持下去，就带着他参加了一场菲尔普斯的游泳比赛，斯库林亲眼看到菲尔普斯成为世界冠军，便在心中暗暗发誓未来也要成为这样的人物。赛后，斯库林找到菲尔普斯合了一张影，并把这张合影贴在自家的墙上，不断激励自己。多年后，在2014年里约奥运会上，斯库林不仅和菲尔普斯同台竞技，还成功超越偶像，成为当时的世界冠军。

上面的案例就是父母给孩子做梦想建设，让孩子见到更优秀的名人，从而产生敬畏，最终不断靠近甚至超越。所以父母要多给女儿讲述这些名人故事，从而激活女儿心底最真实的梦想。

第四，见证生命的奇迹。回到我们刚刚提到的梅西，他其实是一名侏儒症患者，在确诊侏儒症后，他也对自己的梦想产生过怀疑，但是在父母的支持下，他勤奋努力，最终夺下世界杯冠军。再比如巴西足球队的内马尔，曾经的他穿着破鞋，在街头踢着破球；一代球王亨利，从小也是家境贫穷，但最终他们都通过坚守梦想改写了自己的命运。

事实证明，梦想对一个人的意义深远，作为父母，我们千万不要怀疑女儿的人生梦想，更不要觉得梦想对女儿来讲遥不可及。我们应尽可能支持女儿的梦想，相信奇迹。爸爸的眼界决定女儿思想的深度，妈妈的眼界决定女儿思想的高度，父母的境界决定女儿的格局。

怎么让女儿从小具备“富人思维”

张阿姨和李阿姨带着女儿出去逛街，在商场门口，看到一个蓬头垢面的乞丐正在乞讨。张阿姨对女儿说：“你看，你不好好学习，长大了就只能跟他一样。”另一边，李阿姨告诉女儿：“孩子，你好好学习，我们一起加油，未来才有能力帮助更多这样的人。”

看了这个故事，您觉得谁的孩子会具备富人思维？显而易见，是李阿姨的女儿。什么是富人思维？什么是穷人思维？这两者之间的差别不是单纯建立在金钱上，而是在生活中的点点滴滴。富人思维是一种利他的思维，是给予；穷人思维则是一种利己的思维，是索取。这是两者之间的本质区别。

作为父母，我们当然希望女儿拥有富人思维，但在让女儿拥有富人思维之前，我们自身要先拥有富人思维。《富爸爸，穷爸爸》一书中有一段话，大意是宁可在富人堆里当穷人，也不要在穷人堆里当富人。这句话的意思就是在一个优质的圈子里，即使当垫底的人，获取的资源也是优质的。所以，我们要做李阿姨这样的家长，不要像王阿姨那样。富人思维永远都想着，我能够给你什么，我能解决你的什么问题；

穷人思维则永远在想我能从你这得到什么，你能为我做些什么。

当我们自身拥有了富人思维后，我们才能让女儿时刻保持在利他的状态。所谓的富人思维，本质上就是时刻处在我要去付出自己和贡献自己的状态中。女儿一旦处在这种状态中，自然就拥有了富人思维，这与经济无关，更多的是精神建设。口袋不富不重要，重要的是先让女儿的精神富起来。

高收入家庭该如何培养女儿

如果家庭净收入比较高，那么我们在培养女儿时一定要为女孩的思维模型、见识、视野、阅历等方面做投资。条件不错的家庭，给女儿报的特长班和兴趣班是必不可少的，但真的没有必要让女儿卷成绩，因为条件不错的家庭能为女儿提供更多试错的机会。经济实力越雄厚，女儿试错的机会就越多。比如女儿想要创业，有条件的家庭可以给她提供10万、30万、50万甚至100万去实践，她可以在9次失败中找到一个正确的方案，然后在第10次成功。但经济实力一般的家庭就没有这个机会。

作为高收入家庭的父母，第一，我们要更多地去拓宽女儿的眼界。比如带女儿参加国内外的研学，不必有什么目的，单纯体验即可。马术、高尔夫、西餐文化、中式文化等都让女儿接触了解一下，同时在琴棋书画领域找到一项可深耕的技能，让女儿掌握一项艺术类特长。因为精英家庭的女儿未来的社交环境一定是中产以上的人群，这些人一定有自己的特长。有一项拿得出手的技能，会给女儿加分。

第二，多带女儿去一些文化博物馆，看一看大书法家的作品、世界级的名画来陶冶情操。

所以，精英家庭要给予女儿更高的起点和更好的环境，从而搭建出高知的圈子。高知的圈子背后，其实是深厚的文化底蕴。

香香和朋友们出去看车展，路过一家霸王茶姬时，大家各自点了一杯奶茶，正喝着，突然有一人问道："为什么这奶茶的名字要叫'伯牙绝弦'呀？"大家面面相觑，只有香香从容地说："伯牙绝弦的含义是知音难觅，霸王茶姬是在用这个名字找这款奶茶的知音呢！"

她们到了车展，琳琅满目的品牌让大家眼花缭乱，姑娘们看车标认着品牌："这是大众、宝马、奔驰……咦？这个中间有只狮子的车标是什么牌子呀？"香香笑着解惑："这是莲花牌汽车。"朋友们赞叹道："香香，你知道的可真多呀！"

由此可以看出，培养女儿成绩以外的文化涵养和对知识、对历史的理解，才是真正的加分项。女孩的修养、内涵，对历史和对未来的把握，对边界和底线的认识，才是女孩受过高等教育的标志。

普通家庭怎么培养优秀的女儿

普通家庭在财力、资源、背景上不能像高收入家庭那样给女儿提供更高的起点，那我们应该如何培养女儿呢？首先，不要气馁，我们依然有很多平替的方式拓宽女儿的眼界。我们可以给女儿设计一些课后实践活动，比如带她去做义工，去养老院和福利院助人为乐，或者带她参与一些野外活动，如登山、徒步等，这些都能帮助女儿拓宽视野。

另外，千万不要经常对女儿说"咱家条件一般，你要多懂事"，而是要告诉她"你看人家这生活过的，咱们一块努力，争取咱家未来也换一个大房子"。把女儿培养得天真乐观，有梦想，有朝气。作为父母，我们要做女儿梦想的守护神，接纳女儿逐梦路上的得失，接受女儿梦想的变化。我们同样也要给女儿报一些课程，课程未必要多么高端，在经济条件允许的情况下，选择性价比较高的课程即可。同时，我们更应该给女儿力量和信心，如果我们没有办法用财富堆积出女儿的自信，那么就要尽可能从语言上堆积她的自信。找到女儿的优势，然后把优势发挥到极致，用女儿的长板和其他优秀的孩子进行交流，这叫作差异化博弈。

我们都很熟悉的跳水运动员全红婵，出生在湛江的一个贫困家庭，她的家庭条件可能还不如大多数的普通家庭，但是全红婵的父母很懂得教育子女，他们用尽全力支持女儿追求跳水的梦想，让女儿学会感恩，有责任有担当，全红婵也没有辜负父母的期望，成了世界冠军。

人生是一场漫长的马拉松，谁说现在跑得快，就一定能到达终点站？多点赞、多鼓励、多肯定、多加持，和女儿共同进步、共同成长，即使是普通家庭，女儿也不会差！

送女儿进入优质的圈子

在一节优质教育课上，老师让家长们分享一下为什么送孩子来上这节课。“我希望女儿能够改掉她的坏习惯。”方阿姨说。“我呢，希望孩子能学到更多东西，更好地成长。”黄叔叔说。“我希望女儿变得更加优秀，更加卓越！”这是李阿姨的声音。这时，赵阿姨走上台，说：“我和前面的各位爸爸妈妈一样，但是除此之外，我还希望我的女儿能在这里交到更多优秀的朋友。”赵阿姨是一家酒店的老总，生意做得红红火火，她的思维值得我们借鉴。

大多数父母的心态都是希望女儿发生改变，希望她从平凡走向卓越，从卓越走向更加卓越。但赵阿姨的心态则是一种获客投资，让女儿进入优秀的圈子，不仅仅是学习，更重要的是可以用更低的获客成本认识一群优秀的人，而这些人未来都有可能是女儿的优质人脉。

所以，有钱人的思维确实和很多人不一样，我们在给女儿选择课程的时候，除了考虑师资和团队之外，还必须考虑到她的学习环境。一个好的课堂，获取的知识一大部分源于老师，还有一部分源于周围的同学。因为好的习惯、好的观点不一定来自老师，有可能源于身边那个亲密的同桌，或者前后左右的同学，这些人对女儿的影响同样是至关重要的。

怎么养出既有贵气，又有教养的女儿

过年时，湘湘的爷爷组织了家庭聚餐，姑姑、伯伯们都来了，十分热闹。开饭时间到了，湘湘请长辈们先上座，等长辈们动筷后才拿起筷子，吃饭时斯斯文文，吃完收拾好自己的碗筷和桌面垃圾后，就安静地坐在一旁听长辈们聊天，长辈们赞声连连。反观与湘湘年龄相仿的表妹，不等一桌人聚齐就开始夹菜，每盘菜翻来倒去只挑自己喜欢的吃，长辈们看了都只能摇摇头。我们一定都希望自己的女儿像湘湘那样，成为一个有教养、有贵气的孩子，但是想做到这一点，需要付出很多努力。

何为教养？教养是一个人骨子里的品德，是一个人写在脸上的优雅，是一个人对待一切变化的从容态度。家风、家规、家训、家德，都是教养的一部分，好的教养需要从小抓起，我们要时刻注意女儿的言行。

第一，长辈不上桌，孩子不上桌；长辈不动筷，孩子不动筷，夹菜时，最好使用公筷。

第二，发现女儿在就餐时出现食指指人、翻菜挑菜的行为，立刻指出并纠正。

第三，也是最重要的餐桌礼仪，离开餐桌前，将桌面垃圾清理到碗中，向同桌的人道一声“我吃好了，大家请慢用”，再离开餐桌，将碗筷和垃圾送到厨房处理妥当。

第四，告诉女儿不可当着长辈的面把红包拆掉，这是一种不尊重长辈的行为。

第五，父母以身作则，少爆粗口，少闹矛盾，少争吵，让女儿从小明理知性，用平和稳定的方式沟通。

第六，和女儿对话时，尽可能不带着情绪对话，心平气和地与女儿沟通，让她明白解决问题未必要高声大吼，从而训练她稳定的心境。

第七，保持房间的干净整洁，让女儿自己动手，父母也可以协同参与，收拾完房间，女儿从哪里拿的东西放回哪里，不去破坏房间的整洁，从小训练女儿物归原主的能力，有借有还，再借不难。

第八，全家人共同起床，不需要催促旁人起床，不用暴躁的状态迎接新的一天。起床后养成说“早上好”的好习惯；晚上，以向家人道“晚安”结束美好的一天，进入睡眠。

做到这些，女儿会越来越守规矩，懂礼貌，逐渐成为旁人眼中有教养的孩子。在此基础上，我们再为她添一些贵气，贵气是明辨是非的能力，与教养的本质殊途同归，所以一个有教养的孩子，已经具有了一定的贵气。当然，贵的本质是富而不漏，是一种高贵的表现方式，所以贵气、儒雅的仪态和妆容也有一定的关联。想让女儿有贵气，可以尝试让她接触艺术，如让女儿学舞蹈。练习舞蹈的女孩一般体态端庄优雅，很能够增加贵气和气质。当然，也有很多其他的方式。

首先，让女儿慢下来，女孩只要行为一慢下来，身上的贵气感就体现出来了；其次，多读书，不必有什么目的性，只是让她体验，养成阅读的习惯，在阅读中静心；最后，教女儿学会泡茶，因为沏茶的过程是一个很好的静心过程。贵气的背后是仪式感，有些仪式看似复杂，但能让别人感到惬意，这就是最好的贵气。

女儿内向自卑，是不是“社交恐惧症”

妈妈发现女儿媛媛不太愿意出门社交，性格内向，甚至有些自卑。于是她开始鼓励媛媛邀请自己的好朋友来家里聚餐，每逢节日、生日等特殊的日子，还总是“怂恿”媛媛给朋友们送礼物，当然，媛媛的朋友们也会回礼。慢慢地，媛媛邀请来的朋友越来越多，媛媛也逐渐开朗起来，喜欢走出家门，参与公众活动了。

女儿内向自卑，好像有“社交恐惧症”，要怎样才能提升她的社交能力？俗话说，多个朋友多条路，人情世故是进入社会的必修课。想要提升女儿的社交能力，得学会以下几点。

第一，大方。朋友都是吃亏换来的，我们要鼓励女儿尽量多请客，从小养成习惯，同时在饭桌上多发言，在这个过程中，自然容易交到一群不错的朋友。

第二，经常和同学交换礼物。父母不要吝啬自己的金钱，因为在交换礼物的过程中，女儿既能够收到对方的心意，又能够表达自己的心意，还能增进彼此的友情。

第三，多让女儿参加社交活动，可以是女儿学校里的社交活动，也可以是我们的一些社交活动。我们进行社交活动时，能带上女儿就尽可能多带上她，让女儿多见人。人之所以自卑，往往源于两个方面，一个是联系的人太少，另一个是被他人否定的次数太多。当女儿愿意迈出第一步，跟着我们来到人群中时，我们先不要着急催她去和太多人打招呼，给女儿时间来和这些人建立关系，然后学会主动开口打招呼。

第四，多让女儿参加竞技类运动，参与到团队活动中。在团队中，女儿的角色可以先是配合者，慢慢成为领导者。每一次的角色变化，都会让女儿逐渐感受到领导的气场以及指挥者的感觉。在这个过程中，因为身份认可，找到成为指挥者的感觉，女儿的自信心或多或少会得到提升。

提升女儿的社交能力不是一蹴而就的，需要父母在生活中积极配合，积极带动。当女儿从被动社交走向主动社交，她进入社会时必然受益匪浅。

如何锻炼胆小社恐的女儿

不管是未来面对自己的人生，还是选择伴侣，在这个时代，不够主动的女孩往往比较吃亏，她很有可能会因为讨好的特性慢慢演变成社恐。我们希望女儿在成长过程中更具有张力和表现力，但女儿偏偏胆小、社恐，不愿意和小伙伴一起玩，应该怎么办？

我们要分析女儿社恐的原因，从而对症下药，首先可能是女儿和外部的接触太少了，和同龄人玩的时间也太少了，一旦女儿和同学的接触面变窄，她就有可能变成社恐。这时，有些父母可能会觉得：女儿明辨是非善恶的能力还不够，和不好的同龄人接触太多，被带坏了怎么办？还是社交面窄一点好。但是，我们要明白，一个从小不会和同龄孩子玩的人，长大了也不知道怎么和身边的同龄人相处，两者的性质是一样的，这只是一个社交阶梯的递进流程。所以，不要阻止女儿和同龄人接触，相反，还要多鼓励她和同龄人一起玩。

其次，也可能是女儿真的缺乏自信，不敢去表达和表现自己。不敢表现的背后是怕被否认、被质疑。这时，我们要在语言上给予她更多的鼓励和肯定。比如：

红红跳舞跳得很好，说是班级第一都不为过，但是学校里的舞蹈比赛，她从来不敢报名参加，妈妈问她原因，红红说："我怕我跳得不好，被同学笑话。"妈妈就开始有意识地鼓励她："红红，这个比赛你去试试吧。妈妈相信你一定可以做到最好！""红红，加油，你能够站到舞台上表现自己，就已经足够优秀了！"说得多了，红红终于尝试着报名参加了一次舞蹈比赛，最终一举夺魁。红红逐渐有了信心，开始越来越多地走上舞台展现自己。

如果女儿不敢接受别人对自己的表达，也不知道如何表达对别人的感受，我们可以向下面案例中的家长学习：

父亲节，美美拿出精心准备的礼物放到爸爸的书桌上，妈妈问她："女儿，为何不亲手交给爸爸呢？"美美怯怯地说："我不敢。"妈妈一听，拿起礼物，说："我们给爸爸一个惊喜好不好？先把礼物藏起来，吃饭的时候再拿出来给他。"晚饭前，美美捧着礼物走到爸爸面前，在妈妈的鼓励下，鼓起勇气说："爸爸父亲节快乐！"爸爸接过礼物，激动地说："谢谢宝贝，我很喜欢，爸爸爱你！"几日后，在妈妈生日时，爸爸也如法炮制，带着美美给妈妈送礼物。渐渐地，美美开始习惯说"我爱你"，能够勇敢地表达自己对别人的感受了。

女儿对陌生的焦虑其实可以反映出她的社交能力和情感，她正处在一个快速的发展阶段，有时她可能会觉得和同龄人没有共同话题，喜欢和年龄大一些的孩子玩，这无可厚非。在她的世界里，可能觉得年龄大的人更值得被她信任，对方也能信任她。同时我们要让女儿建立独立意识，减少她的焦虑。女儿要先学会和自己打交道，再去和环境打交道。

女儿“窝里横外面怂”的真相是什么

发现女儿“窝里横外面怂”，我们先要明白为何“横”又为何“怂”。对于5岁以下的女孩，“横”并不意味着她的性格有了张力，或者比较刚烈，而是因为她有安全感，知道自己横了也不会怎么样，女儿如果在家中蛮横无理，大概率是因为家人过度宠溺；“怂”则是因为她意识到自己的蛮横无理会引来一些不利因素。所以，“窝里横外面怂”的女孩一定是非常聪明的，能够趋利避害。

那么我们要如何正确引导聪明的女儿呢？我们要先明白自己的目标是什么，是希望她“外面也横”，还是“窝里也怂”？如果我们希望女儿“外面横”，即具有一定的自我保护意识，在外面也能够展现个性，那么我们要给予她正确的鼓励，鼓励她勇敢地表达自己，因为勇敢是“横”的开始。

公园里，贝贝看到一群小朋友玩得开心，很羡慕，想和他们一块儿玩，但是缺乏勇气，怕他们不接纳自己，贝贝只好默默地站在一旁，拽拽妈妈的衣角。妈妈问：“贝贝，怎么了？”贝贝说：“我想和他们一起玩。”妈妈说：“那你过去吧，你在家不是挺大胆的吗？不要怕！”贝贝还是踌躇不前，妈妈于是拉起贝贝的手，走过去问：“小朋友们，可以让贝贝和你们一起玩吗？”小朋友们愉快地接纳了贝贝。

如此一来，贝贝也能主动去和他们一块儿玩了。其实5岁以下的孩子玩游戏的意愿很强，而且没有强烈的规则意识，对于多加一个人或少加一个人没有太多概念，所以当女儿发出请求时，一般不会被拒绝，可以鼓励她大胆尝试。

如果我们希望女儿“窝里怂”，即培养女儿的规矩意识，那我们就需要建立一个家庭的边界，告诉女儿什么能做，什么不能做。5岁以下定规矩对女孩而言非常有用，我们可以借助家庭规则表、家庭作息表、家庭准则表和家庭积分累积表等方式给女儿制定有效的规则，在女儿遵守规则的基础上予以适当的奖励，慢慢地，女儿的性格就会发生变化。

教育女孩，需要更多的人文关怀，更多关注女儿的心情。在跟女儿沟通时，我们要先关注她的心情，再解决问题，心情好了，女儿的性格自然会趋向平和。

怎么教育女儿为人处事

女儿渐渐长大，开始走出家庭的舒适港湾，和社会接触，这时，有些家长会发现女儿在一些场合说的话不妥当，要如何教育女儿为人处事呢？

首先，我们要让女儿养成请客吃饭的习惯，最好能够每年请客超过10次。这个请客吃饭不需要针对某些特定人群，亲朋好友、老师长辈，都可以让女儿去请客。在这个过程中，我们可以给女儿安排一个买单人的角色，或者由她来主持点菜。请客吃饭，能够给女儿提供一个表现为人处事的空间。我们看到有人在路边随地吐痰，但是在五星级酒店就会收敛很多，因为场景发生了变化。改变女儿行为的方式是给她提供一个合适的场景，而聚餐正是一个非常体现为人处事能力的场景。

其次，鼓励女儿每年送10次以上的礼，时不时给家人送一些小礼物，以此来训练女儿说话的方式。

另外，如果发现女儿为人处事能力欠佳，尤其在外人面前丢了父母的面子，我们千万不要陷在自我情绪中，直接对女儿大吼大叫发脾气。面对女孩，我们要先关注心情，再解决问题，遇到问题忍一忍，回到家里面关起门聊。所谓自尊教育，就是让女儿能够找到自己，也能够获得尊重。

我们想让女儿去理解别人，首先我们得多理解她，只有她自己被理解过，才知道怎么去理解别人，进而学会如何为人处事。

女儿为什么只跟长辈亲，和爸妈关系疏远

现代社会，很多宝爸宝妈工作压力大，在女儿学龄前没有办法整天陪着孩子，只能把女儿交给家里的老人带，但是又担心女儿和自己关系疏远，我们应该如何维护和修复亲子关系？

一直由老人带的女儿回到身边，父母经常会出现两种极端情况，一种是觉得愧疚，缺失了女儿前几年的陪伴，希望好好补偿她，所以女儿要什么给什么，无条件满足她；另一种是觉得女儿前几年一直由老人带，没有规矩，现在要好好给她立规矩。这两种方法都是不可取的，当女儿回到我们身边时，我们首先要和她建立良好的沟通，从而建立良好的亲子关系。

要做到这一点，我们可以采取以下措施：

多关心女儿的日常生活起居，参与到女儿的衣食住行、娱乐学习等方方面面。比如多给女儿做一些她爱吃的，多陪女儿玩一些她爱玩的。先不要急着给女儿立规矩，要循序渐进。

多让女儿参与户外运动，我们也要尽可能参与进去，在参与的过程中加深和女儿的关系。

多跟女儿进行深度谈话，让女儿多跟我们聊一聊在长辈家发生

的趣事，聊一聊她和祖辈们的日常相处，问问她“爷爷奶奶对你怎么样?”“你喜欢姥姥姥爷吗?”。通过女儿感兴趣的话题，慢慢打开她的心扉，和女儿深入谈谈心，慢慢拉近距离，这样就不担心亲子关系疏远的问题了。

作为父母，不要操之过急，总是想着“女儿怎么不跟我亲了?”。试想成年人进入一个陌生的环境，也难以和周围人亲近起来，何况是孩子。很多人只是面对陌生人时有社恐，面对熟人时，他就会无话不谈。所以我们要和女儿搞好关系，先把我们的身份从“陌生人”转变成“熟人”。但是这个过程中切不可过于溺爱，一旦对女儿无条件满足了一段时间，后面想要建立规则就更难了，甚至可能会导致亲子关系再次恶化。所以，我们要做到张弛有度，一边修复关系，一边慢慢地、有弹性地建立一些小规则。

贝贝准备上幼儿园了，妈妈把她从姥姥家接了回来。很快妈妈发现，贝贝有一些不好的习惯，比如喜欢赖床，每天要睡到9到10点才起床，妈妈试着说了一下，贝贝便理直气壮地说：“我在姥姥家一直这样啊!”于是，妈妈对贝贝说：“贝贝，你马上要上学去了，可不能天天睡到这么晚。这样，你不是喜欢爬山吗?明天我们7点起床，一起去爬山好不好?凤凰山离我们很远，要是起晚了，可就没法早点爬到山顶了。”贝贝爽快地答应了。之后，妈妈有时候带贝贝去动物园，有时候带贝贝去游乐场，用各种各样的小理由，帮贝贝养成了早起的好习惯，而贝贝也在出去游玩的过程中，和妈妈越来越亲密了。

女儿不愿意走亲戚，该怎么引导她

女儿不愿意走亲戚，是很多家长头疼的问题。其实，很多成年人也未必愿意走亲戚，但中国社会是人情社会，走亲戚是无可避免的，成年人说些客套话，在场面上应付着也就过去了，但女儿还理解不了这种潜规则，不愿意走亲戚是很正常的，这时我们应该怎么引导她呢？

首先，不要命令女儿，我们越是说“咱们去谁家走走呗，你都这么大的人了，该懂的礼貌，该有的礼节都得有”，女儿越是抗拒。我们可以反其道而行。

妈妈带着潇潇去广州玩，到了酒店，妈妈往椅子上一靠，愁眉苦脸地问潇潇：“乖女儿，你六姨妈家就在广州，你说我们都来这了，要不要去她家坐一坐啊？”潇潇看到妈妈的样子就乐了，想了想说：“我们得去呀。”妈妈说：“可是我们刚下飞机，好累啊，我一点也不想去，你觉得有必要去？”潇潇立马摆出小大人的模样教育妈妈：“妈妈，六姨妈要是知道我们来广州不去她家，会生气的，我们肯定是要去的。”妈妈点点头：“宝贝说得对，妈妈听你的，我们明天就去六姨妈家做客。”

女儿其实懂得这些道理，用这种方式，让她自己把道理讲出来，自己说服自己。

其次，当我们无法说服女儿时，可以思考一下女儿平时和谁关系亲近，比较愿意听谁的话，哥哥姐姐还是叔叔阿姨？我们可以让这个人出马劝一劝女儿。有的时候，女儿不是听不进道理，而是不愿意听父母讲道理，当这种情况出现时，我们要给予女儿一定的耐心和时间。而且我们还会发现，不是所有亲戚女儿都不愿意走，为什么有些亲戚女儿愿意走呢？因为她亲近的那个人可能就在这家亲戚中，有时候如果去别处走亲戚，女儿还会问："天天哥哥去不去？丽丽姐姐去不去？他们去我也去。"所以，在走亲戚的时候可以帮女儿找个伙伴，让她不至于尴尬和无聊。

最后，当我们带着女儿走亲戚时，一定要尽量照顾女儿的感受，不要把她往旁边一丢自顾自在那聊天。女儿觉得特别无聊、无趣，以后就更不愿意走亲戚了，所以我们要尽量避免这种情况出现。

女儿跟老师起冲突，家长站孩子还是老师

娜娜的妈妈接到班主任的电话，火急火燎地赶到学校，就看到办公室里，娜娜站在老师旁边，哭得上气不接下气。妈妈很心疼，但忍住了把娜娜拉到怀里安慰的冲动，冷静地向老师询问了事情的经过。原来，娜娜的同桌嘲笑她胖，娜娜气不过，就摔坏了同桌心爱的铅笔盒，被老师叫到办公室教育了。娜娜不服气，先是和老师顶嘴，随即大哭起来。妈妈于是轻轻擦去娜娜的泪水，说："娜娜，同桌这样说你，她确实有错在先，但你摔坏人家的铅笔盒，还和老师吵架，这些行为都是不对的。我们要尊重老师，你先向老师道歉，妈妈再带你去找同桌解决问题。"娜娜抽抽噎噎向老师道了歉，跟着妈妈向教室走去。

在学校，女儿接触最多的就是同学和老师，和他们发生冲突是常见的事。这时，我们作为第三方介入时，一定要小心仔细。很多家长心疼孩子，又对老师不够信任，很容易和女儿站在同一战线，把老师说个狗血淋头。这对女儿的成长其实是非常不利的。我们一定要先了解事情的来龙去脉，如果发现确实是女儿做错了事，那么我们就要

坚定地站在老师这一边，帮助女儿认识错误，改正错误。我们不分青红皂白地支持女儿，会让她形成“我有爸妈撑腰”的心理，从而在学校里更加横行霸道。当然，如果确实是女儿受了委屈，那我们就要站在女儿这边，否则，女儿将会遭到老师和父母的双重打击，受到更多伤害。

帮亲不帮理是人之常情，但作为父母，我们一定要控制住自己的情绪，当老师批评教育的行为不是很过分时，尽量和老师站在同一战线，因为如果父母不能尊师重道，那么女儿有样学样，也会不尊重老师，这对老师未来的管理和学校工作的开展都是不利的。但是，支持老师，不代表一味指责女儿，即使女儿有错，我们也要有足够的耐心引导她。这个过程可以分成四步去完成：第一，判断现在的情况；第二，感受女儿现在的心情；第三，请求女儿可不可以不要用这样的方式解决问题；第四，提出希望，以后遇到类似问题时希望她怎么做。

女儿抱怨同学孤立她，如何帮她和同学改善关系

橙橙向妈妈哭诉："妈妈，班里的同学都不和我玩，我好孤单。"妈妈对橙橙说："别担心，宝贝，妈妈有妙招！"春游的前一天，妈妈给橙橙准备了一大包零食，还有飞行棋、大富翁、乐高等玩具。妈妈说："橙橙，这次春游，你要把带去的零食全部分掉哦！吃零食的时候，可以请同学们一起玩。"春游时，橙橙大方地和同学们分享零食和玩具，好些同学聚到她身边。礼尚往来，有一位同学想邀请橙橙参加自己下周的生日会。后来，橙橙用妈妈给她的妙招，经常分享零食和玩具，隔三岔五请同学们吃肯德基、麦当劳，橙橙的朋友越来越多。在橙橙自己的生日会上，她请来满满一屋子人，热闹极了。

女儿上学后，人际关系是非常重要的一环，如果女儿抱怨同学孤立她，我们应该怎样帮助她改善和同学的关系，处理好人际交流问题？最重要的，是学会吃亏。如果我们总是想着让女儿只顾好自己，自私自利，那么她怎能处理好和同学的关系呢？

当我们发现女儿和同学关系不好时，首先要让她学会分享。要让女儿学会分享，最重要的是我们要为她提供分享的底气，如果女儿手

中只有1颗糖，她当然不愿意和别人分享；如果她手里有100颗糖，她又怎会吝啬分享？所以，我们要让女儿有足够多的“糖”可以分享。同学们吃人嘴软，拿人手短，势必礼尚往来。慢慢地，女儿的分享欲就建立起来了。所以，改善同学之间的关系，从分享开始。

除了分享零食和玩具，我们也要鼓励女儿多请客。在节假日时，我们可以让女儿聚集一些身边的同学，请他们吃炸鸡、汉堡、比萨、可乐，虽然不太健康，但很多孩子天生就喜欢这类食物，请客要请到同学们心坎上。久而久之，女儿与同学间的关系会越来越融洽。在请客时，父母一定要把名留给女儿，虽然花的是我们的钱，但是我们要说“这顿饭，是女儿用压岁钱请的”，把名留给女儿，慢慢地，她在同学中的威信会越来越高。

最后，最重要的一点，是让女儿策划自己的生日会。不论女儿处在什么年龄段，她生日时，我们可以给她一个生日预算，然后由她自己去策划，想请多少人就请多少人，想玩什么就玩什么。并且在生日会的时候，我们要学会主动离场，把这几个小时完全交给女儿，不要去管女儿请的同学会不会太多了，不要担心孩子们分蛋糕时会不会把家里弄得一地鸡毛，让他们在这个时间和空间里自由地玩耍。同时，我们也要支持女儿去参加同学的生日会，有些家长会觉得女儿每个月都要去生日会，每次去都要花几十、几百元买礼物成本太高，但这恰恰是女儿人缘好的表现，如果女儿一年也去不了几个生日会，那才要担心。所以，作为父母，我们更加不能吝啬，不能自私，我们付出的几十、几百元，也许正是女儿打开交友之门的一把钥匙。

女儿在班里被说坏话，很受排挤，家长如何疏导

小桃在班里经常被排挤，因为她经常口吐脏话，还喜欢随便拿别人的东西。

妈妈发现后，开始注意帮小桃改正这些坏习惯。一段时间后，成效显著，妈妈于是请那些经常说小桃坏话的同学吃了一顿饭，席间，妈妈举杯说："各位同学，小桃以前说话做事确实有不对的地方，但是现在她已经改正了，知错就改是好孩子，大家愿不愿意再给小桃一个机会，和她做朋友？"孩子们本来以为会被小桃妈妈教育，没想到是一顿好吃好喝，哪里有不答应的道理？在后来的相处中，同学们也确实感受到了小桃的变化，于是，小桃成功走出了困境，重新融入了班级。

女儿在班里被说坏话，很受排挤该怎么办？这个问题我们一定要非常重视，没有人会不在意他人的看法，孩子尤其敏感，如果女儿经常被说坏话，她的内心一定已经受到了影响，长时间遭受排挤，对女儿的身心健康非常不利。

女儿被说坏话，受排挤，我们要先找到她自身的问题。有这三种情况的孩子容易被说坏话：第一，言语惹人厌烦；第二，行为惹人厌

烦；第三，多手多脚。我们要分析女儿属于哪种情况，对症下药。

如果女儿是因为言语招人嫌弃，我们要让她学会管好自己的嘴，否则她到任何一个环境中都会面临相同的境地。管好嘴这个过程就是帮助女儿建立规矩和边界感的过程，当女儿言语不当或是说脏话时，如果父母不加以制止，她就不会意识到这种行为是不妥的，到了学校，就会在言语上犯同样的错误。

如果女儿因为一些糟糕的行为惹人生厌，我们要让她学会为自己的行为负责。比如女儿在家打碎了一个杯子，我们跟她说："没事，你去忙你的，这里爸爸妈妈来收拾。"女儿就会发现她不用为自己的行为负责，那么在学校里，她也会做一些鲁莽的事，并且不会对后果负责。这样，同学自然会排挤她。

如果女儿多手多脚，这个问题同样和家庭教育有关。如果女儿在家随便拿东西，使用完后不放回原位，家里人看到了，只是默默帮她把东西放回去，她就会习惯别人帮她收尾，进而导致自己做事虎头蛇尾，拿了同学的东西忘了还，久而久之，同学们都会讨厌她。

找到女儿被排挤的原因后，我们一方面要改变她的不良习惯，另一方面要做更多的努力来改变局面。

首先我们可以找到老师，将情况客观反馈给老师，问问老师有没有好的建议，配合老师帮助女儿解决困境。

其次，找到说女儿坏话的同学，不是和他们理论，而是请他们吃顿饭，或者送他们一些零食、玩具，与他们和解。如果女儿被排挤的情况已经持续数月，这两条路都走不通，就要果断转校。

当环境对女儿不利时，我们可以先试着调整女儿和环境的关系，但如果无法与环境和解，那就要当机立断换个环境。所谓挑战环境，其实意义不大。千万不要让女儿深陷泥沼，等她定性时就悔之晚矣。

女儿常和同寝女孩有矛盾，要不要搬出来

一个周末，露露回到家，气冲冲地对妈妈说："妈妈，我好讨厌我室友，每天一大早就起床在宿舍里早读，想睡个懒觉都不行，烦死了！我想换宿舍！"妈妈觉得换宿舍太兴师动众，劝露露："早起是个好习惯，你也早起不就好了？"露露听了很委屈，回到宿舍，看室友就更不顺眼了。为了报复室友，她开始偷偷藏起室友的洗发水、作业本，看着室友着急上火的模样暗暗高兴。终于有一天，室友发现了露露的行为，两人之间爆发了激烈的矛盾，露露最终被记大过一次。当妈妈闻讯感到学校时，已经悔之晚矣。

女儿住校后，经常和室友闹矛盾，要不要搬出来？建议还是搬出来。女孩和男孩不同，男孩子打打闹闹，第二天就和解了，女孩之间如果发生了矛盾，关系上就有了裂痕，不容易愈合，会渐渐发展成明争暗斗或明嘲暗讽。所以网上会说"塑料姐妹花"，这种情况下，和解的意义已经不大了，不如换个环境，眼不见为净。

基于女儿的心理考虑，要么换寝室，要么换学校。如果女儿和室友之间是小的摩擦，比如口角之争，那么，换寝室就可以了；如果是

人格或者性格上的冲突，那么可能就要考虑换学校了。像开头的露露那样，想要睡懒觉，室友却天天早起，要说室友早起错了，那显然没有，这就是两人之间生活方式乃至性格上的不合。我们不能像露露的妈妈一样，说“人家那么努力，你要向她学习，你也早起”，试想如果我们的公司是9：00上班，有些员工8：30就到岗了，老板对我们说：“你怎么不能像人家一样早到？”我们会是什么心理？换位思考，就能理解女儿的痛苦。这时，我们要关心她的心理，帮助她切断这种痛苦。当然，如果反过来，女儿是早起的一方，她的室友想要睡懒觉，那她很有可能在发生冲突后，放弃早起的好习惯，开始躺平，这显然也不是我们作为父母所乐见的。

女孩和女孩之间的矛盾积压久了，会导致当事人心理扭曲，像露露后来的种种行为，都是心理扭曲的表现，这些行为其实都是基于矛盾产生的。人为什么会有不良想法和行为？一定是因为遇到了激发它的因素。作为父母，我们要尽量让这个因素产生的影响降到最低，让女儿健康成长。

在学校有人造谣诽谤，女儿不想上学，家长怎么应对

在学校，有人背后说女儿闲话，造谣诽谤女儿，我们应该怎么办？首先，女儿遇到这些事，不一定愿意说出口，而是默默藏在心里，父母一定要能够及时发现。

当女儿出现这些情况，我们就要警惕了：

女儿回到家之后不愿意和父母一起吃饭，把自己关在房间里闷闷不乐；

女儿在洗手间待的时间过长，经常冲很久的澡；

以前活泼快乐、大大咧咧的女儿突然变得沉默寡言；

女儿开始抱着手机，一直聊天，但并没有早恋。

这些现象往往说明女儿正在受人非议，或是群居生活中慢慢被孤立了，或是被人造谣诽谤了。这时，我们要及时拿出解决方案。十几岁的女儿其实已经拥有了独立思考的意识，她很清楚自己哪些事情做得对，哪些事情做得不对，但是即使她知道被人造谣诽谤了，也依然缺乏直面的勇气，不知该如何解决。

如果这时父母不能给予女儿面对谣言的力量，那女儿很有可能陷入心理深渊，陷得越久，逃离的困难就越大，所以我们一定要及时、

果断地给女儿提供支持，帮助女儿走出困境。我们要鼓励女儿把真相告诉老师，告诉全班同学。

电影《保你平安》里，主角的女儿就遇到了被造谣诽谤的情况，当她想要告诉老师时，却因被威胁而选择了忍耐。但是主角是一个正义的人，他是一名墓地销售员，他的一位顾客——一个很有爱心的女孩死后，有人造谣说她是坐台小姐，墓地老板也听信谣言，认为女孩的墓不干净，想把它迁走。主角不断地追踪线索，终于找到了谣言的源头，为女孩伸张了正义。主角的女儿被父亲的正直勇敢所打动，也勇敢地把有人造谣，自己被诽谤的真相告诉了老师，举报了造谣者，自己的正义得到了伸张。所以，父母是女儿的底气，如果我们自己都退缩忍让，那么毋庸置疑，女儿的内心也会慢慢变得没有力量，胆怯自卑。

所以，无论女儿在学校经历了什么，请学会让女儿秉持正义，不要跟孩子说，忍一忍就过去了，不要得罪谁。大家同在一所学校读书，为什么要区别对待呢？我们要鼓励孩子勇敢面对争议，面对造谣者，拿出证据，当面对质，这样才能让她从被造谣的困境中走出来，我们要永远做女儿的后盾，在她没有能力独自面对这件事时，及时出面帮助她解决问题，水落石出，还女儿一个清白，这样她才会有更健康、更光明的未来。

第五章《05

打破隔阂，营造和谐的“亲子乐园”

父母付出很多，为什么女儿就是不懂感恩

“妈妈爱吃鱼头”的故事相信很多人都不陌生，尤其是当代很多家庭都是独生子女家庭，爷爷奶奶，姥爷姥姥，爸爸妈妈加一个孩子，“6+1”育儿模式让女儿在成长过程中收获了太多爱，如果父母在爱女儿的同时没有表现自己的辛苦，无条件给予，那么女儿自然会觉得父母的付出理所应当。

很多父母喜欢挂在嘴边的一句话是：你把书读好就行，别的什么都不用管，交给爸妈就行。之前有一个很火的短视频，一个小女孩无意间听到班主任说自己就读的学校一学期要5万元学费，回到家就忍不住在妈妈面前哭了，说自己从来没想到学费这么贵。她的妈妈还在旁边安慰她，说只要你努力学习就行了。从女儿的哭泣中不难判断，她家的家境未必很好，但是母亲却为了女儿强颜欢笑。这个小女孩是一个有感恩之心的人，知道真实情况后会哭泣，感到愧疚。很多贵族学校的孩子，如果家庭条件不错，孩子的心态可能就是：反正爸妈有钱，学费这么贵也没关系，这时父母的钱可能就真的打水漂了。在今天这个如此内卷的时代下，很多父母总想着用钱砸出女儿的未来，但如果女儿不把钱当钱，那砸下去的钱和一堆废纸没有什么区别。

如何让女儿不把父母的付出当成理所当然？首先，不要让女儿觉得家里太有钱，尽早让她了解家里的经济结构，这未必不是好事。其次，无论为女儿做任何决定，都要和女儿进行合理沟通。询问女儿的意见，和女儿进行讨论，达成一致后敲定最终决定。

阿喜的妈妈想给阿喜报一个英语补习班，课程的价格并不便宜，妈妈把阿喜叫到身边，问她：“女儿，妈妈想给你报个英语补习班，你有兴趣上不？这个课说贵不贵，说便宜也不便宜，当然你也不用有心理压力，妈妈能够支付得起。但是得先问问你是不是真的想学。妈妈觉得这个老师确实不错，对你也有帮助，你来决定要不要上吧！”阿喜接过妈妈手里的课程资料，想了想，说：“妈妈，我要上，我会好好学的。”妈妈说：“好孩子，那我们一起努力！”

通过沟通交流的方式，让女儿知道，父母的所有付出、所有爱，都是建立在希望她好的基础上，但不是无条件的。女儿慢慢就会明白：爸爸妈妈花的每一分钱，都是征求了我的同意，我参加的所有课程、活动，都是在我本人愿意的前提下。这样，我们就不会花了一大堆钱，最后培养出一个白眼狼。

如果女儿不懂感恩，对父母而言也是特别心酸的事。所以，请各位父母收起无条件的爱，不要让女儿觉得我们的付出是理所当然的，不要什么时候都挂着“你好好学习，别的什么都不用管”的名头。一定要让女儿参与家务劳动，参与家庭建设，甚至参与到父母的工作中，让女儿偶尔看见父母的工作强度，看见父母的内卷状态，这也能让她拥有感恩之心。

父母管教女儿时，如何克服自己的焦虑情绪

大部分爸爸妈妈都是第一次为人父母，面对女儿在成长过程中出现的各种问题，难免会手足无措、焦头烂额，陷入焦虑的情绪中。这时，我们一定要冷静下来，身处泥潭中的人，动得越快，陷得就越深。这个时候不妨尝试让自己深呼吸，把心情平复下来。

世界上最牛的教育就是松弛教育，想要做到松弛教育，我们要先学会让自己的状态保持松弛。父母抓得越紧，女儿绷得越紧。当然，完全放松也不合理，松弛有度是最好的教育模式，父母放松一点，不去做100分的家长。焦虑源于对完美的追求，不要想着事事追求完美，先做60分的父母。只有我们成为60分父母，女儿才能把剩下的40分补齐。教育是和女儿共同追求100分，总想着自己做到100分，自然就焦虑了。

如果我们现在已经在管教女儿的问题上非常焦虑了，那就赶紧停下来、慢下来。

清晨，妈妈起床准备早餐，顺便叫女儿茜茜："茜茜，可以起床了。"茜茜含含糊糊答应了。然而当妈妈准备好早餐，发现茜茜的卧室依然关着门，妈妈敲了敲门走进去，看到茜茜赖在床上，讨好地

说：“妈妈，我好困，我一点也不想去学校，让我再睡一会，就5分钟好吗?”妈妈刚要生气催促，赶紧深吸一口气，然后平静地说：“没事，茜茜，你要是实在不想去学校，今天干脆就不去了，要不妈妈帮你请个假，咱们一周都不去了，放个假，你觉得怎么样?”“一周都不去?”茜茜震惊地说：“那怎么行，那我不是没书读了?”“你看你，又想多睡5分钟，又不想一周都不去学校，你再想想吧，妈妈一会儿再来问你。”没等妈妈再去问，茜茜已经穿戴整齐走到客厅，说：“妈妈，我准备好了，我们赶紧去学校吧!”

我们要像茜茜的妈妈这样，给女儿一定的缓冲时间，女儿思维很快就自己纠正过来了，如果我们一味督促，越是催，女儿越会和我们僵持。所以，反向育儿这招很多时候都特别好用。

不急不慌，不催不忙，焦虑解决不了女儿当下的任何问题，走出焦虑的状态，暂时放下当前的矛盾，我们会发现柳暗花明又一村。

父母如何控制好情绪，不对女儿吼叫

父母在教育女儿的过程中，生气是不可避免的，尤其是女儿在青春期可能变得叛逆、自我，出现顶嘴、调皮捣蛋等行为，我们很有可能控制不住自己的情绪，继而出现吼叫式教育。

在负面管教中，打、骂、吼、惯、气是五个错误教育方式，尤以前三点最为严重。随着时代的发展，全民综合素质都在提高，其核心就是大家的分贝降低了，路边大声说话，公共场合手机铃声嘈杂的现象越来越少。教育同样如此。正面管教最重要的一点是低声教育，把身子低下来，把声音音量降下来，我们和女儿的关系会越来越好。

当我们忍不住要吼叫女儿的时候，我们要先转变自己的观念。在那个时候，我们暂时不要把女儿当成自己的孩子，那样我们会充满控制欲和占有欲，理直气壮地发号施令，横加指责。我们可以把女儿暂时当成自己最敬重的领导，甚至可以把她当成别人家的孩子，这样我们可能会有更多的耐心。

如果我们还是控制不住自己的情绪，可以记住这七个字：等待、观察、不评判。当我们出现焦虑情绪，想要发火时，首先深呼吸，继而等待。有时候，一句话晚说一分钟，结果就会发生改变。曾经有一则新闻：

15岁的男孩考试没考好，在家打游戏，父母看到后责骂他：“整天就知道玩这些乱七八糟的，要你有什么用？！”男孩回嘴：“既然你们觉得我没用，那我不如去死好了。”父亲吼道：“那你去死吧！”于是这个孩子在父亲转身之际，从25楼一跃而下，结束了自己的生命。

如果这个父亲能够再等待一会儿，相信那伤人的话就不会说出口，这场悲剧也不会发生了。所以，等待，同时观察，想一想自己为什么发火。不要着急去宣泄情绪，我们永远不要成为情绪的奴隶，而要成为情绪的主人。当我们一次又一次向女儿发火的时候，女儿慢慢地也会走上以发火回应的道路。这时，亲子双方就无法产生合理有效的沟通，对女儿的成长显然是不利的，她长大后，也会成为一个情绪不稳定的人。

父母的情绪足够稳定，女儿的身心才会健康成长。

如何与不服管、爱顶嘴的女儿沟通

周末，小雪正在房间里写日记，妈妈突然端着一盘水果走进来，说："小雪，吃点水果吧。"小雪慌慌张张把日记本一合，生气地说："妈妈，你进我房间为什么不敲门？我也有隐私啊！"妈妈不以为然地说："你才多大，能有什么隐私？"小雪很不高兴，等妈妈出去后，顺手就把房门锁了。过了一会儿，妈妈给小雪送牛奶，发现小雪竟然锁了门，很生气，找出家里的备用钥匙就把门锁打开了。妈妈的行为让小雪非常焦虑，她于是用房间里的桌子、椅子挡住门，不让妈妈进来。妈妈见状放下狠话："你再堵门，我就把门给拆了！"小雪只好把门打开。妈妈正为自己成功管教了女儿沾沾自喜，却发现小雪变得越来越不听话，顶嘴、情绪对抗成了家常便饭。这是怎么回事？妈妈感到十分苦恼。

如果女儿总是顶撞自己，我们就要反思一下自己有没有和小雪妈妈一样的行为了。当女儿和我们之间出现语言冲突、行为冲突乃至价值观冲突时，很有可能是在女儿成长的过程中，我们没有给予她足够的尊重和正确的回应。

拿开头这个例子来说，如果小雪的妈妈一开始就养成敲门进入女儿房间的习惯，相信小雪感受到妈妈的尊重后，一定回以相应的尊重。家长不是监狱长，我们的眼睛不是360度无死角的摄像头。如果我们试图监控女儿的点点滴滴，让她产生被囚禁的感觉，她势必会产生对抗情绪。

我们要学会放下我们的占有欲、控制欲。一旦父母有了占有和控制的心，女儿自然就有了逃离的想法，有了逃离的想法，对抗和冲突在所难免。当我们不再想着去囚禁自己的女儿和占有自己的女儿时，她会逐渐向我们打开心扉。所以，尊重和接纳女儿，是解决冲突最有效的方式之一。教育就像手里抓沙，抓得越紧，漏得越多。松弛，才能和女儿处好关系。

青春期的女儿为什么突然不爱和父母交流了

出现这种情况时，意味着我们和女儿之间的情感交流出现了障碍，女儿开始和我们保持距离了。我们要反思一下，最近和女儿聊天时，是否张口就是“最近成绩怎么样？”“作业做完了吗？”“你不好好学习未来就会……”，这些话一出口，女儿就会来一句“你好烦，每次聊就聊这些”，然后转身进房间把门一关，父母就再也敲不开这扇门了。

父母敲不开的，不仅是房间的门，还有女儿的心门，这是女儿用无声的方式和父母进行对抗。所以，在和女儿聊天时，我们要做到以下几点：多关注情感，少关注结果；多关注过程，少关注目标；多聊变化，少聊成绩。尤其是对于青春期的女儿，父母一定要减少问她与结果有关的话。这个阶段的女儿，除了关注自己的成绩外，还会关注很多其他的东西，比如追星、喜欢的男生、有趣的八卦等。我们要在沟通中和女儿一起探索这些话题，而不是冷冰冰地告诉她少聊八卦，少凑热闹。比如女儿和我们分享，她的闺蜜昨晚没有回家，我们要和她一起惊叹：“哇，她胆子好大，我们都不敢这么做呀！”而不是说：“你少和她玩，别被她带坏了。”

另外一个方面，女儿不爱和父母交流，可能是我们窥探了女儿的隐私。

莎莎回到家，发现妈妈把自己的房间收拾过了。她心中一紧，果然看到桌上很多东西都不见了。莎莎叫道：“妈妈，我桌上的笔呢？我的贴纸呢？我的芭比娃娃呢？”妈妈走过来说：“笔给你放笔筒了，贴纸就剩那么几张，我顺手扔了，你最近成绩下降了不少，芭比娃娃就先别玩了。”莎莎崩溃大哭：“说了让你不要动我的东西，你怎么总这样？！”妈妈也不高兴了：“我劳心劳力给你收拾房间，你还挑这挑那的！”

为什么莎莎的母亲吃力不讨好？因为她没有尊重女儿的隐私。这个年龄段的女儿，更需要独立和私密的成长空间，如果父母不能很好地尊重她的隐私，她很可能会跟我们对抗。所以，下次收拾女儿的房间前，一定要先告诉她：“妈妈明天帮你打扫房间，你把自己的东西都收好。”征得女儿允许后，再去做这件事。

在与女儿聊天时，永远保持尊重，保持好奇，女儿一定不会和我们疏远，如果我们开口闭口都是说教和讲道理，那女儿自然不愿意和我们沟通交流了。

工作太忙顾不上女儿，会对孩子性格有影响吗

当家里迎来新生命时，很多父母都会面临一个抉择：是应该努力工作，给女儿挣奶粉钱，还是应该放下工作，全身心陪伴女儿？古人云忠孝两难全，家庭和事业确实很难平衡。在这里，建议各位父母把60%的精力放在自我成长和事业发展上，剩下40%的精力放在女儿成长上，不要为了女儿完全放弃工作。

如果我们整天只是围着女儿转，围着锅台转，久而久之，我们会渐渐与社会脱节，身边来往的只有小区里的宝妈，我们的内心会逐渐焦虑不安乃至暴躁。当时代信息更迭时，我们没有办法给女儿带来更多更有效的符合时代要求的教育方法，只能用上一个时代的教育方式来教育女儿，这对她的成长显然是不利的。

过犹不及，把100%的精力放在孩子身上固然不妥，把100%的精力投入工作同样不当，所以掌握平衡是非常重要的。在选择工作时，我们尽可能选择非出差型的工作，尽可能选择较为轻松的岗位，尽可能选择走在时代前沿的公司，自己在成长的同时，还能给女儿提供现代化教学的帮助。但是世间事不可能件件如意，如果我们找不到这样的工作，如果我们不得不把超过60%的精力投入工作中，那我们应该

怎么办？

首先，一次有效的陪伴远大于一百次无效的陪伴。也许我们没办法经常出现在女儿身边，但是当我们能够陪伴她时，一定要放下手机，全身心地参与进去。千万不要在陪伴女儿的过程中，还忙着处理工作。“身在曹营心在汉”式的陪伴，是无法让女儿获得认同感的。比如我们陪女儿参加篮球训练，有效的陪伴是在旁边为她的进球欢呼，没进球时则鼓励她不要在意。在这样的陪伴中，女儿才能感受到父母在时刻关注着她的变化。

其次，如果无法陪伴在女儿身边，一定要和女儿保持电话联络，并且适当地把自己的工作状态分享给女儿，告诉她：“爸爸在谈工作，妈妈在见客户，你也要好好学习，和爸爸妈妈一起加油！”如此一来，女儿就不会因为感受不到父母的存在，不知道父母具体在忙什么，而产生很多偏激的想法。

最后，如果女儿整天只能自己玩，我们可以购置Switch或者PS4、PS5，因为这类游戏机都是插卡的，父母可以根据女儿的年龄段去选择不同类型的游戏，避免女儿因为玩其他大型网络游戏而认识一些糟糕的朋友。毕竟，父母最怕女儿玩过了火，最后沉迷游戏，偷钱充值。

父母参与女儿的成长当然非常重要，但更重要的是我们自我提升和成长，变成女儿心中的光。只要我们的教育方式正确，教育指导思想正确，女儿终能自己腾飞并获得历练。让我们一起成为教练型父母，而不是保姆型父母。

女儿哪些生日，父母必须好好准备

欢欢18岁生日前夕，妈妈告诉她："欢欢，18岁之后你就是大人了，可以自己的事自己作主了，这个生日想怎么过，就交给你自己决定了。"欢欢高兴地策划起自己的18岁生日，思绪渐渐有些飘远了：每年的生日父母都会陪她好好度过，但是印象里上一个十分隆重的生日是12岁那年，那次生日会上有很多漂亮的学校模型，她就是在那次定下了考上清华的梦想。再往前，是8岁生日吧？妈妈告诉她以后不能随便哭鼻子了，再往前有些记不清了，是第一次过生日吗？印象中是很快乐的生日会……

给女儿过生日，是很多父母习以为常的事，但是在女儿的成长过程中，有几个时间节点的生日含义深刻，需要更加隆重、精心地去准备。女儿的人生可以分为幼年、少年、青年、成年四个阶段，每进入一个阶段所对应的那个生日，就是需要特别关注的生日。

第一个生日是女儿3岁的生日。3岁的女儿正处在半懂不懂的朦胧状态，对生日逐渐有了模糊的认识，我们先给她过上一个有意义的生日，请上三五好友，布置一个美好的宴会现场，让女儿记住这个快乐时刻。因为接下来，女儿很快就要面临幼儿园生活以及学前教育了，所以这个生日让她开心就好，让她未来回首童年时能感到快乐和满足。

第二个生日是女儿8岁的生日，从这个生日开始，就要具有一定的教育意义了。8岁是女儿从幼年进入少年的重要节点。8岁的生日要办得隆重一点，并且在生日当天要告诉女儿：“今天的你已经是少年了。少年应该阳光灿烂、意气风发、朝气蓬勃，有梦想、有追求、有目标、能自律，不能再轻易哭鼻子了，要和爸爸妈妈建立边界。”通过生日的仪式感，告诉8岁的女儿应该具备哪些思维，立下哪些规则。

第三个节点是12岁的生日，虽然中间只隔4年，但这4年对女儿来讲，是飞速成长的4年。12岁是小升初的关键阶段，女儿马上就要迎来自己的青年阶段。何为青年？明心、明德、立志、立人。这个时候的女儿，要明白自己为什么学习，要学会选择合适的朋友，建立良好的社交圈，是为明心。何为明德？养成好的品行、好的习惯。何为立志？定立好的目标、好的志向。我们可以在女儿12岁的生日会上布置几所优秀学校的模型，帮助女儿寻找和建设自己的梦想。最后是立人，告诉12岁的女儿：“人无智不立，进入青年后，你的自我管理能力，包括目标管理能力、时间管理能力、情绪管理能力要更强，你要慢慢变得情绪稳定，有清晰的目标，有良好的自律能力，爸爸妈妈不再叫你起床，不再监督你写作业，你要学会依靠自己。”12岁以后，我们可以把部分选择权放开给女儿，让女儿学会独自上路，逐渐进入半独立的状态。

18岁是女儿的成人礼。成人明理，女儿要清晰地认识到父母的抚养义务到此要画上句号了。告诉女儿：“你已经成为一个独立的大人了，拥有健全的人格、丰满的灵魂，你要开始学会照顾父母，你要接过自己人生的指挥权，对自己的人生负责，同时也要承担起家庭的责任。”18岁后，父母要学会经常询问女儿的意见，所以18岁的生日要交给女儿做主，从“生日怎么过”开始，把决定权交给女儿，锻炼她自己做主的能力。

所以，好好利用生日这个充满仪式感的日子，不要让它在糊里糊涂中过去，在合适的时间赋予合适的意义，女儿的人生也许会有不一样的结果。

生二孩需要和老大商量吗

在国家开放多孩政策的背景下，很多父母都想要再孕育一个小生命，那么必然会碰到千古难题：生二孩需要和老大商量吗？这是毋庸置疑的，生二孩不仅要和老大商量，而且要做好老大的心理工作。否则，老二的到来不仅不会让家庭氛围变得更好，反而会对老大的成长带来不利。因为老大往往担心老二、老三会分割掉父母对他的爱。

当父母接收到这个信息后，千万不要指责老大，更不要直接决定生二孩这件事。我们要明白，老大之所以会产生这样的想法，是因为她缺爱。如果老大手里只有3颗糖，老二一来，她就只剩下1.5颗了，怎么会不伤心？但是如果老大手里有100颗糖呢？分出去一半，她还有50颗，那给老二50颗又何妨？所以我们首先要给老大更全面、更充足的爱，当我们给她的爱足够充足时，她就不会再吝啬将这份爱和别人平均分配。我们要告诉女儿：“妈妈很爱你，妈妈要老二也好，要老三也好，都不会影响妈妈对你的爱。因为你是长女，长女如母。妈妈生了老二、老三之后，还得靠你把他们教育好，因为妈妈终有一天会老去，你才是这个家真正的顶梁柱。”

和老大商量完，父母再着手生二孩，当老二真正降临的时候，也不要把焦点过多地放在老二身上。我们要让老大参与到老二的成长中，把十分的爱平均分配甚至六分给老大，时刻注意树立老大的权威，让老二明白，老大比他提前来到这个世界上，未来还要肩负照顾他的责任。自古以来，皇室中都要求嫡长子当太子，太子的威严立好了，能减少很多皇子间的权力之争。所以，真正有智慧的父母，一定会把老大放在首位，树立好老大的权威，这样有利于家庭关系的和谐。

“谁没出息偏爱谁”“中间的孩子没人爱”，多子女家庭如何平衡关系

方阿姨家有三个孩子，大女儿乖巧懂事，总是帮父母分担家务，小女儿聪明能干，回回考试都是班级第一，只有二儿子成绩平平，性格内向。方阿姨怜爱二儿子，总是习惯把最好的东西给他，还经常嘱咐两个女儿让着老二一点。可是，慢慢地，方阿姨发现二儿子越来越不成器，和两个女儿的关系也越来越差了。

随着三孩政策的开放，多子女家庭越来越多。作为父母，在教育多个子女时，很容易对最没出息、最弱的孩子产生担忧、心疼，不自觉地给予其更多帮助和偏爱。这其实是不合适的，对最没出息的孩子而言，父母越偏爱，他越容易产生依赖心理：反正躺着也有人管，饿了有人给吃的，那何必上进呢？最后导致他不愿努力，最终更加没出息。而对于既优秀又懂事的孩子来说，他会觉得自己最不被疼、不被宠，凡事更加依靠自己，没有伞、没有鞋，只好更加努力奔跑。

在多子女家庭中，我们要尽量做到一碗水端平，把爱平衡地分给每个孩子。但是，人不是机器，而是一个有着丰富情感的复杂个体，

很多时候，越是想平衡，越难做到真正的平衡。如果我们做不到一碗水端平，那我们就要有意识地控制自己，不仅不能偏爱最没出息的孩子，反而要偏向最能够承担起家庭责任的孩子。父母陪伴子女的时间终究有限，我们要做的是当有一天我们不在了，这个家庭里最优秀、最有担当的那个孩子，能够成为顶梁柱。有鉴于此，我们应该给最有承担能力，最有格局，最有大爱的孩子以更大的支持，因为他承载力更强，心胸更宽广，能力更卓越，在未来的人生中能给予兄弟姐妹更大的帮助。长子如父，长女如母。没出息的孩子在未来遇到困难的时候，最优秀的孩子能够施以援手，拉前者一把。这从另一方面说也是把这碗水端平了，我们多给予的那部分偏爱，会通过优秀的孩子重新流向弱小的孩子。

人的一生要么有人推你，要么有人拉你。如果我们一直都在迁就那个最没出息的孩子，那么那个有格局有承担能力的孩子，看到父母如此偏心，心里会很不好受。最后，没出息的孩子失去了想要变好的勇气，有担当的孩子也失去了真心。

既然我们选择了让多个孩子来到我们的生命中，那么就得做好充分的准备，能够做到直接把一碗水端平当然最好，实在做不到，那么至少通过助强扶弱的方式，间接把这碗水端平。很多父母确实想拉最没出息的孩子一把，但其实越拉他越不动。既然拉不动，这个时候不如把他放一放，不是完全的放弃或者不管不顾，而是给他正确的关爱。把我们有毒的溺爱从最没出息的孩子身上收回来，让他独立成长。

独自一人育儿，宝妈如何应对

赵婶的丈夫经常出差，两人的女儿圆圆几乎是赵婶一人带大的。有亲戚逗圆圆：“圆圆，你爸爸是不是很坏？总是让你妈妈一个人照顾你。”圆圆说：“才不是，爸爸是很厉害的人，他在挣钱养家。而且妈妈很理解爸爸，我也理解爸爸！”

赵婶独自一人育儿，但是她的女儿圆圆并没有长歪，这当然是有诀窍的。如果父亲没办法经常出现在女儿的身边，母亲要学会以下几点。

第一点，如果父亲已经在女儿的现实生活中缺位了，那我们千万不要让他在女儿的精神世界中也缺位。我们要在女儿的精神世界里树立起一个伟大的父亲形象，经常告诉女儿：“爸爸其实很厉害，虽然他没能经常陪在我们身边，但是爸爸在职场上、社会上都是一个非常非常优秀的人。”通过语言的作用，有效地让女儿在精神世界里感受到父亲的力量，即使不够全面，也比没有强。

第二点，父亲代表着权威，也代表着力量，女儿会在与父亲的相处中变得勇敢以及更有魄力。如果女儿在成长中没有父亲的陪伴，我们要尽量找到一些可以暂时代替父亲身份的人进入女儿的世界，比如她的哥哥、叔叔、舅舅等。

第三点，尽量避免和另一半在女儿面前爆发过度冲突，独自一人育儿时，很多母亲不经意间会对丈夫颇有微词，有些母亲可能直接当着女儿的面控诉丈夫。比如，“你看你爸又不回家，一天到晚也不知道忙些什么。”有些母亲在与丈夫打电话时没有注意避开女儿，直接表达一些对丈夫的抱怨。这些做法都是很糟糕的。女儿本身已经很少见到爸爸了，而妈妈又在旁边长时间地抱怨，潜移默化中会影响女儿的心理，给她的成长带去不利因素。所以，如果和丈夫有比较隐秘和敏感的话题要聊，一定要避开女儿。在女儿面前，要尽量彰显出良好的关系，让女儿感受到父母是很恩爱的，这样才能有利于女儿的成长。

所以，独自一人育儿的母亲坦然面对现状，减少焦虑，把对女儿的影响降到最低，才是对女儿最有利的做法。

父亲的陪伴能为女儿带来什么

对女儿来说，母亲是光，父亲是大树，尤其对于0—5岁这个阶段的女孩而言，不论她的爸爸是正能量还是负能量，性格好还是不好，她骨子里都是喜欢爸爸、爱爸爸的，甚至会把父亲身上的一些特质当作未来择偶的标准。对于这个阶段的女孩来说，父亲的陪伴至关重要。

所以，父亲在女儿面前要有深藏不露的感觉，尽量表现出绅士感、儒雅感、笃定感、力量感乃至方向感。让女儿感受到父亲是解决问题和冲突的化身，是在她迷茫之际可以一马当先的人。父亲的陪伴会给女儿增添很多安全感，让女儿在遇到挑战的时候不会害怕。

另外，当女儿在完成一些挑战类项目，如过山车、滑翔伞、大摆锤时，母亲的胆量通常不及父亲，往往有心无力，所以女儿一般会在父亲的陪伴下参与这些项目。在父亲的陪伴下，可以训练女儿的胆量和勇气。

父亲的陪伴还会让女儿懂得拒绝。如果父亲在女儿的成长中参与比较少的话，女儿在遇到一些事情时会不知道该怎么处理，比如有人向她表白，她会不知道该如何处理。但如果父亲经常陪伴在女儿身边，且本身又比较高知，父亲会在潜移默化中，让女儿建立成熟的三观，学会辨别社会上的善恶。女儿碰到类似情况时就会主动说："不好意思，现阶段我们不适合谈恋爱。"她会勇敢地拒绝不喜欢的人的表白，拒绝社会上所谓的橄榄枝。

爸爸很宠女儿，担心养成骄纵的性格，该劝导吗

晗晗8岁的生日会，爸爸给她举办了一个盛大而隆重的仪式，晗晗在生日会上成为众星拱月的小公主。长辈们都说爸爸太宠晗晗，可晗晗的妈妈知道，爸爸从来不是一味溺爱。在家里，晗晗也会帮着干家务；和别人闹矛盾时，晗晗若是有错在先，爸爸该批评晗晗的时候绝不含糊，犯了错被妈妈训，也不会横加阻拦。爸爸对晗晗的爱是饱满的，也是理智的，晗晗是一个健康快乐、独立能干的小公主。

父亲宠爱女儿本是出于天性与爱意，但伴随的问题与担忧同样不容忽视。过度宠爱是否会使女儿养成骄纵的性格？首先我们要思考什么是过度宠爱。

随着“富养女儿”的观念被广泛提及，适度宠爱女儿的确有其合理性与必要性。“富养女儿”并非单纯的物质给予，更重要的是让女儿在精神与思想层面富足。这种宠爱让女孩在成长过程中涉猎广泛、视野开阔，能够构建起丰富坚实的内心世界和独立健全的人格。这样，当她面对外界的种种诱惑与干扰时，能够具备充足的定力与判断力。然而，这种“富养”绝不意味着毫无节制地溺爱，如果宠爱逾界，女

儿会养成傲娇的个性，这不利于她的成长。

很多父亲会问："那么到底应不应该宠？"能够提出这种问题的父亲，一般具备理性认知，会在刻意控制的前提下把握好宠爱的尺度。因为真正溺爱女儿的父亲，是不会有"宠多了会怎么样？"这种认识的。过度宠溺，是对女儿过度保护，这样的宠爱是畸形的，极易导致女儿形成以自我为中心的性格特质。那么怎么适度宠爱女儿？

可以适当安排女儿承担力所能及的家务；在女儿和别的孩子产生冲突时，秉持公平公正的原则，让女儿明白犯错需承认、责任需担当的道理。

父亲宠爱女儿是必要的，比如给女儿举办精致的生日会，给予女儿价值感和自我认同感，让她的内心世界更富足。被父亲呵护和滋养长大的女孩，长大后往往生活得不错。所以父亲在把握好适度原则的前提下，可以大胆地宠爱女儿。

家人不配合，该怎么给女儿提供好的教育环境

女儿是全家人的掌中宝，在教育女儿时，每个人都有自己的观点，甚至因此产生冲突。当家人不配合时，该怎么给女儿提供良好的教育环境？我们首先判断这个不配合的家人是谁？如果是爷爷奶奶或者姥姥姥爷，那我们大部分情况下需要坚持自己的观念，因为老一辈人的教育观念和我们的教育观念确实不太一样，老人家有时候给女儿的建议，未必是正确的。坚持自己的想法可能会造成一些矛盾，但只要我们坚持下去，一定能掌握主动权，因为女儿是我们的孩子，我们才是她的第一监护人。

但是很多时候，这个不配合的家人不是老人，而是伴侣。这时我们要先冷静下来，思考一下，我们和伴侣的分歧，是源于教育这件事本身，还是为了和伴侣针锋相对？当夫妻二人产生教育分歧时，首先要合理沟通，即不带任何情绪地就事论事。

小昭的妈妈想给小昭报一个钢琴兴趣班，看着上万元的学费，小昭的爸爸激烈反对：“有钱没处花？给女儿报这么贵的课，她能学成当个钢琴家吗？”小昭的妈妈刚要反唇相讥，突然意识到每一次这样的争吵总是不欢而散，最后也商量不出结果，于是冷静下来，说：“老公，

那你觉得这钱应该花在哪呢？我没有别的意思，就是想了解一下，为什么你不建议小昭上兴趣班？”小昭的爸爸说：“学钢琴想要见效，成本太高，有这钱不如给小昭把数学补一补。”小昭妈妈认真听完，说：“老公，你说得挺有道理的。我一开始也是想让女儿多学一个技能，主要是想让她体验一下。那这事咱们再想想。”

第二天，小昭的妈妈对小昭的爸爸说：“我昨天想了一夜，虽然你说得有道理，但我还是想让小昭学一学钢琴，让她体验一下，可以就上这一学期，不留遗憾。”小昭的爸爸同样经过了深思熟虑，最终点头同意道：“好，那就让小昭去试试吧！”

这个例子里，小昭的父母就是经过了合理且有效的沟通达成了一致。教育的分歧一定是在父母双方情绪都特别不稳定的情况下才会出现，或是两个人性格刚烈，极具个性，最终各执己见。所以，一定要冷静下来，去认真地思考怎么做才是对女儿最好、最合适的。想要给予女儿良好的教育环境，要做难而正确的事。只要是正确的，就一定要坚持，不妥协。当然，如果发现是错误的，也要及时止损，听从对方的建议。

老人带娃的方式我不认同，该怎么做

现在，很多家庭都是“6+1”的结构模式，六个大人教育一个孩子，最怕的就是六个人各执己见，孩子茫然不知所措。老一辈的人秉持着上一代的教育观念，老人的教育模式已经和父母的教育模式出现对立，产生博弈时，我们首先不要急着阻止和否定。对老人来讲，眼前的儿子（女儿）就是自己这么带大的，实践已经证明自己的做法是成功的，那么孙辈继续用这种方法肯定没错。所以，我们越是对老人说“时代变了”“您那一套过时了”，老人越是听不进去。老年人大多是孤单的，需要被看见和认同，有了认同感，我们才能继续深入改变老人的教育方式和观念。要秉持着与时俱进的思想，辩证地看待上一辈的教育观念。

我们无可否认，老人的初心一定是好的，即使教育理念不同，他们也是希望把孩子教好的，所以我们应用委婉的方式和老人真诚沟通。但如果沟通还是失效了，又该怎么办？一个家族中，老人肯定有一个非常欣赏的晚辈。这时，我们可以求助这个人，让他和老人进行一次对话，也许比我们和老人沟通一百次还要强。

父母当着女儿面吵架会伤害孩子吗

父母当着女儿的面吵架，毋庸置疑会伤害到她。我们可以回想一下每次吵架，女儿一般是劝架的那个人，还是离开现场的那个人。如果女儿一听到父母吵架，就赶紧回到房间把门一关，那做父母的就要警惕了，这不是女儿避开了，而是她的内心已经受到了伤害。父母吵架，首先是让她丧失了安全感，她会思考：如果爸爸妈妈分开了，我要跟谁？同时还会给孩子留下不好的印象。

当女儿在生活中出现“你们天天吵还不如不过得了”之类的话语，说明父母吵架已经给女儿留下了心理阴影。

吵架已经吵了，伤害已经造成，我们要做的是努力消除这些不良影响。

燕子的父母最近总是吵架，有时候情绪上来，当着燕子的面也会吵起来。但是在平静期，燕子的父母总会不经意地对燕子说：“唉，虽然跟你爸吵了这么多年，但我还是挺爱他的。”“虽然跟你妈吵吵闹闹这么多年，但是不可否认，她确实是个好妈妈，也是个好伴侣。”

有一天，燕子的父母吵得特别激烈，燕子吓得躲到房间里关紧了门。过了一会儿，妈妈敲开门，揽着燕子说：“虽然爸爸妈妈经常吵架，但是并不影响爸爸妈妈之间的感情。爸爸妈妈也是人，也会有情绪，有时候观点不一致，难免会发生争吵，这只是我们一种比较激烈的沟通方式，但是不妨碍我们心里爱着彼此，也爱着你。”经过妈妈的安慰，燕子很快从父母吵架的阴影里走了出来。

如果我们没有像燕子的父母这样做，久而久之，女儿就会觉得父母之间的关系像仇人一样。女儿夹在中间，就会处在一种被拉扯的状态，时间一久，女儿就会形成孤僻、自卑、内向的人格。

所以，尽量不要当着女儿的面吵架，如果发生了，那一定要做好事后的补救工作。每次争吵过后，摸摸孩子的头，告诉她：“爸爸妈妈吵架，是因为爸爸妈妈的情绪不稳定，我们也在修炼，争取减少吵架的次数。”这些话，对女儿的帮助会很大。

夫妻感情破裂，要为了女儿继续维持关系吗

高考结束，妈妈告诉小草，她和小草爸爸离婚了。晚上，小草流着眼泪在日记本里写下：爸爸经常不回家，妈妈跟爸爸聊天，经常谈到抚养费的问题，我也不知道是什么意思。问了同学，同学们说爸爸妈妈肯定离婚了，我是没有人要的小孩。可是我不敢问，这件事在我心里藏了很多年。今天，我终于知道，爸爸妈妈确实分开了。我多想爸爸妈妈可以告诉我这件事情，因为担心，那几年我一直活在焦虑的世界里。

很多夫妻感情破裂，到了离婚的边缘，又害怕离婚给女儿造成心理阴影，就选择貌合神离地在一起凑合生活。因此，每年高考结束后都是离婚的高潮，夫妻双方觉得孩子培养出来了，可以分开了。

如果夫妻关系已经到了离婚的地步，家庭氛围是很难和谐的。很多父母担心离婚给女儿造成心理阴影，殊不知一个没有沟通或充满暴力冲突的家庭环境，对女儿造成的影响更大。那不如直接选择离婚，然后想办法把离婚带给女儿的伤害降到最低。告诉女儿："爸爸妈妈分开了，那是因为爸爸和妈妈性格不合，但是爸爸妈妈都很爱你，即使

爸爸妈妈不在一起生活了，依然会继续陪伴着你成长。”这样的语言虽然不能消除离婚对女儿的伤害，但可以帮助女儿尽快从伤害中恢复过来。

今天的孩子很聪明，很多道理她都明白，很多真相她也都能猜到，所以父母有什么信息一定要第一时间告诉孩子，越是不敢谈，最后对女儿的伤害反而越大。

父母离异，怎么减少对女儿的不良影响

离异家庭会给女儿带来哪些不良影响？

第一，离异家庭的女孩比较容易缺乏安全感，也比较容易自卑。因为很多父母会把离异的焦虑和坏情绪传染给女儿，甚至把女儿当成出气筒，这样很容易导致女儿逆反，她会结识一些不良少年，甚至出现逃学等不良行为。

第二，离异家庭的女孩容易产生嫉妒。因为离异家庭在情感和物质上都会有一定缺失，在这种不平衡的情况下，女孩会去攀比进而嫉妒同龄人。

第三，离异家庭的女儿可能会对婚姻和家庭丧失信心。

认清了这些问题后，我们才能对症下药。首先，我们要认识到，离婚不是结婚的反义词，结婚是为了幸福，离婚也是为了幸福。我们要把这个观念刻在骨子里，再传递给女儿，告诉女儿："爸爸妈妈离异是想要重新获得一个追求幸福的机会，不代表爸爸妈妈不爱你。离婚是爸爸妈妈解决问题的一个方式，就像你也会用各种方式去解决学习上的问题一样，分开是当下最好的解决方法。但爸爸妈妈结束的是互相的关系，我们和你的关系不会结束，也不代表以后你就低人一等

了。以后，爸爸妈妈还是会用最好的爱去照顾你，让你的身心变得更加饱满。”

其次，离婚后，一定不要把责任推给对方，也不要过度抹黑对方在女儿心中的形象。埋怨对方只会对女儿造成二次伤害，导致她无法信任自己的父母。如果她连自己的父母都不能相信，那么以后对亲密关系也很难产生信任。尤其是离婚后妈妈带女儿，妈妈认为爸爸不负责，继而教导女儿：男人都是不负责任的。这种极端的想法很容易让女儿对所有的男性都不信任，对她的择偶观造成困难。另外，父母要赶紧从不良情绪中抽离出来，长期沉沦在离异的不良情绪中，会影响到女儿，并且这种影响是深远且持久的，也许会持续到女儿成年。

最后，离婚后最好的状态，是双方做好适当的修复，即使没有机会复合，也要维系好彼此的关联，毕竟中间有着共同的孩子，不可能老死不相往来。两人之间保持稳定的情绪和合理的沟通，对孩子未来的帮助和成长才是最大的。

妈妈带着女儿重组家庭，需要注意什么

李女士离异后带着女儿昔昔生活了三年，遇到了张叔叔，两人重新组建了家庭。再婚后，李女士并不强迫昔昔叫张叔叔爸爸，而是让两人自然相处。张叔叔还带了自己的儿子小刚，李女士公正对待小刚和昔昔，既不要求昔昔退让，也不纵容昔昔，两个孩子有各自的空间，相处十分和谐。慢慢地，昔昔逐渐接受了这对突然进入她世界的父子，李女士常在昔昔面前夸奖张叔叔，同时从不抱怨自己原来的丈夫——昔昔的亲生父亲，而是经常告诉昔昔，亲生父亲也很爱她。在昔昔心中，张叔叔是个值得尊重的好人，爸爸还是那个永远爱她的好爸爸。时机成熟，李女士打算和张叔叔孕育一个孩子，这个新家庭又迎来了新的考验。

很多离异母亲在带着女儿独自生活多年后，重建家庭需要注意什么？

首先，不要强迫女儿改口叫继父爸爸，这种要求其实是比较无理的行为，继父再伟大，也代替不了女儿心中原生父亲的形象，我们要尊重女儿内心最真实的想法。同时，也不要用自己的感情去试

探继父对女儿宽容的底线，因为很少有人能够真正做到将没有血缘的孩子视如己出。所以，主动让女儿和继父保持恰当的距离，在尊重的同时建立边界，才能让这段关系走得更久远。同样的道理，如果新伴侣在重组家庭时也带着自己的孩子，那么双方孩子的相处方式往往非常微妙，我们同样要让女儿对继父的孩子保持尊重，并且建立边界，不必强制她把继父的孩子当成亲兄弟姐妹，更不必让女儿退让迁就，保持一定距离，让每个人都有自己的独立空间，这样的关系就很好。

另外，如果在重组家庭后打算再要一个孩子，一定要照顾好女儿的感情，因为这件事对她的心理冲击会非常大。我们要常常告诉女儿：“妈妈准备再要一个宝宝，但你永远是妈妈心里最爱的人，也是妈妈的世界里最重要的人。”同时密切关注女儿的情绪和行为变化，一有风吹草动，一定要及时疏导。

最后，不要让女儿和原生父亲结仇。有些离异母亲喜欢当着女儿的面抱怨丈夫，这种行为非常不妥，会破坏原生父亲在女儿心中的高大形象，对她的成长造成影响。所以，即使离异，我们也要经常在女儿面前告诉她，爸爸很爱她。重组家庭后，女儿的世界里出现了两个父亲，这对她来说是很难平衡的，我们要告诉她：“叔叔对你好，你要学会尊重叔叔。亲生爸爸是永远爱你的那个人，你也要永远爱她。”如果叔叔真的对这个孩子足够好，孩子有一天会自己改口，但那是孩子的事儿，一定不要强求。

当然，不排除有的继父确实比亲生父亲做得好，那么就让继父用爱去温暖女儿，如果有一天女儿主动改口喊继父爸爸，那是她自己的意愿。但继父再好，该保持的距离还是得保持，因为人性是复杂的，永远不要用爱去检测人性。

第六章《 06

安全守护，为女儿筑起坚实的“防护墙”

上幼儿园的女儿如何防范猥亵性侵

幼儿园放学时，小玉正在校门口等爸爸来接，忽然一个中年男人走过来和她搭讪："小朋友，你在等爸妈来接你？是不是很无聊？叔叔陪你玩会儿。"面对陌生叔叔，小玉记着爸爸妈妈的教育，心中响起警铃。在看到陌生叔叔把手伸向她的裙摆下面时，小玉大声喊道："别碰我！"说完扭头朝人多的方向跑去，边跑边喊："救命啊，有坏叔叔！"幼儿园门口人多眼杂，中年男人悻悻地走了。这时，小玉的爸爸也到了，见到大惊失色的小玉，问她："宝贝，怎么了，发生什么事了？"小玉说："爸爸，刚刚有一个坏叔叔要往我裙子下面伸，我赶紧跑开了。"爸爸一边安抚着小玉一边赞扬道："小玉，你做得很对！"

从女儿进入幼儿园，她就不再时刻处于家庭的保护伞下，开始接触复杂的社会。防范猥亵或者性侵，是女孩性教育中非常重要的一课，猥亵性侵带来的伤害会影响女孩一辈子。所以，一定要及早预防，未雨绸缪。父母要多观察女儿的情绪和语言变化，经常询问她在学校里发生的事，上幼儿园的女儿未必理解什么是猥亵或性侵，但她能记得具体的行为，作为父母要擅长从女儿的言行中发现蛛丝马迹并及时干预。

预防猥亵和性侵，教给女儿三大步骤、八条规则。三大步骤：大胆拒绝，先跑不硬抗，告诉家长。这三大步骤可以细分为八条规则：

告诉女儿，她的隐私部位不允许任何人触摸；

禁止女儿触摸别人的隐私部位；

告诉女儿，如果有人试图触摸她的私处，马上说不，并迅速离开；

告诉女儿，不允许任何人给她的私处拍照；

不要让女儿从小习惯裸体，尤其是家里老人带孩子时，一定要注意老人有没有因为孩子一热，就让孩子脱衣服的行为，同时教育女儿不管和谁在一起玩都要注意穿好衣服；

上厕所、洗澡、穿衣服时，养成关门的习惯，即使女儿年龄还小，也要向她灌输这个意识；

告诉女儿，如果有人破坏了上面这些规则，一定要马上告诉爸爸妈妈，不要隐瞒；

告诉女儿，不对父母保守秘密，如果有人让她保守一个秘密，一定要把这个秘密告诉父母。因为幼儿园的孩子还不足以区分好坏，所有事情要由父母帮她分析，教她辨别所谓“保守秘密”是不是一种变相威胁。

在这个充满危险的社会，不要羞耻于跟女儿谈性，勇敢大方自信地去教育孩子。性教育做比不做好，早做比晚做好，越早预防，女儿未来受伤害的概率就越小。告诫女儿和陌生人共处一室时，心中要保持警惕，如果遇到危险，按照三大步骤走，拒绝他不好的行为；不要纠缠，尽快逃离现场，能跑多快就跑多快，并且跑的时候要学会大声求救；最后回到家告诉自己信任的人。

女儿回家说自己“被别人亲了”，家长怎么做

这个问题要分成几方面分析，首先判断女儿是被成人亲了还是同龄人亲了。如果女儿是被成人亲了，那要进一步确认是哪个成人。是男性还是女性？是特别喜欢女儿，还是有猥亵或性侵的意思？如果是前者，尚可接受；如果是后者，那么就要按照上文提到的方式对女儿进行防性侵教育。

如果女儿被同龄人亲了，那大概率是男同学，尤其是孩子年龄比较小时，男同学还不会含蓄地写情书或者发微信，而是直接用行动来表达他的爱和喜欢。这时，我们要注意，女儿表现出来的情绪是什么样。

小美放学回家，对妈妈说：“妈妈，我今天在学校被小志亲了一口。”妈妈一看小美眉飞色舞，含羞带怯，于是问她：“哦？看起来你很高兴？”“哎呀妈妈，小志可是校草！”妈妈说：“这虽然是件高兴的事，但是你一个女孩子还是要矜持一点，以后男孩子对你有这种行为，你首先要告诉他，我们还很小，我们要保持距离。”小美吐吐舌头：“知道啦妈妈！”家长们通过这种语言，帮女儿建立起正确的男女关系。

小丽放学回家，对妈妈说：“妈妈，我今天被小赵亲了。”妈妈看

她闷闷不乐，情绪低沉，问她：“你不喜欢小赵吧？”小丽说：“当然，她经常乱拿我东西。”妈妈搂着小丽说：“好孩子，如果你不喜欢他，那你要勇敢地说不。不要让别人碰你的隐私部位，你也不要去碰别人的隐私部位，不要和别人有过分的肢体接触，如果别人对你有过分的肢体接触或亲密行为时，一定要勇敢拒绝。”

学校是学习的地方，不是秀恩爱的地方，不论女儿在被亲后是快乐还是沮丧，都要教会她勇敢拒绝。借着“被别人亲了”这个契机，帮女儿建立一个新的认知。任何问题的出现都是为了让我们寻找解决的方法，不用担心遇到问题，重要的是如何解决问题。

怎么做才能让女儿远离校园霸凌

面对这个问题，不同的父母有不同的应对措施。

小瑜在学校遇到了霸凌，回家向父母哭诉，小瑜的妈妈说：“小瑜，多一事不如少一事，咱们要学会绕着这帮人走，被欺负了，你就找个地儿躲起来，下次别再被欺负就行了，咱们踏踏实实、安安分分做好自己。”妈妈的话并没有帮助小瑜远离困境，小瑜渐渐不愿再向妈妈诉苦。她把心事藏起来，变得越来越沉默寡言，在学校被人收了保护费，被人踹了一脚也不敢说，只会自己躲起来哭泣。可见，父母一味教女儿隐忍，女儿会变得内向自闭，日积月累，形成讨好型人格，胆小懦弱。

小娴同样遭遇了校园霸凌，她告诉父母后，妈妈说：“小娴，下次遇到这种情况，你要告诉老师，让老师赶紧替你解决。”再次遭遇霸凌时，小娴果然向老师求助了。但是老师一人管着偌大的班级，难免照顾不过来。校霸知道是小娴告的状后，又把她揍了一顿，并威胁她：“你要是敢告诉老师，你等着，你的下场会更惨。你要是敢告诉父母，你看我放学怎么收拾你。”自那以后，小娴每天上学都担惊受怕，在校门口四处张望，提防校霸的出现，放学回家，也是拼命往家跑，生怕跑慢一步就被校霸追上。在这种环境下长大的女儿，内心时刻处在崩溃的边缘，谈何健康成长？

小雯也遇到了校园霸凌，她及时告诉了父母，妈妈说：“小雯，你要敢于说不，用合理的方式保护自己，让自己尽量不要受欺负。如果你发现对方越过了你的底线，大胆还击，爸爸妈妈永远在你身后。”

让女儿学会独立和强大，遇到问题敢于挑战，这样的应对才是最合适的方式。曾经有一位父亲告诉孩子，如果有人揍你了，第一次你忍住；第二次，请你再忍住。但出现第三次，请你用你最极致的方式去回应他，爸爸会拿出所有的方式帮你兜底。这段话听起来也许有点偏激，但这是在女儿面对校园霸凌时，父母能够找到的最好的方式了。因为保护自己这件事情，女儿早晚都得学会。柿子总是挑软的捏，我们不能让女儿成为“软柿子”，而是要教她如何坚强，如何保护自己。我们要让女儿明白，父母会永远站在她的身后，但是她也要学会靠自己解决问题。

我们也要观察一下女儿在学校里有没有过于调皮捣蛋的行为，或者招人厌烦的举止。如果有，我们要好好地和女儿谈一谈，掐灭她这种嚣张的气焰。不要因为是自己的孩子，就不加以阻止，这样女儿只会变本加厉，最后成为群起而攻之的对象。所以，嚣张中带着沉稳，膨胀中带着佛系，同样是一层保护色，不要让女儿失去保护自己的勇气，也不要让她一味退缩和忍让。在不伤害别人的同时保护好自己，愿每个孩子都能远离校园霸凌，拥有美好的童年。

怎么教导女儿自觉抵御不良信息

当今时代是一个信息化的时代，资讯如此发达，女儿获取信息的渠道如此之多，社交面如此广泛，短视频、公众号、各类新闻……铺天盖地的信息鱼龙混杂，怎样教导女儿自觉抵御不良信息，不被不良信息所侵害呢？

我们要明确一点，我们没有办法完全屏蔽女儿与世界的连接，她接触形形色色的信息是不可避免的。当我们无法干预信息的源头时，我们能做而且必须要做的，就是在女儿还未接触大量信息前，提前、主动植入正确的价值观。当她某一天刷到某条不良短视频时，她就能知道这是错误的。有明辨是非的能力，女儿在排山倒海的信息前就能岿然不动，自觉抵御不良信息。

那么，如何让女儿知道什么是良的信息，什么是不良信息？我们可以多给女儿讲故事，借着故事告诉女儿什么是好的，什么是不好的。

璐璐是一个听着故事长大的孩子，有一次老师拿着一颗糖问璐璐："这颗糖你吃吗？"璐璐摆摆手："我不要，妈妈说不能随便拿别人的东西。"老师笑道："妈妈说得对，那她还教了你什么？"璐璐自豪地说："妈妈教我的可多了，她给我讲'狼来了'的故事，告诉我欺骗别人是不对的；她给我讲‘亡羊补牢’的故事，告诉我犯了错要及时改正。”

看，这样一段简单的对话背后，可以看到璐璐的妈妈做了大量的工作，成功在孩子的世界里给不良信息提前打上了记号。

所以，虽然我们屏蔽不了不良信息，但我们依然有办法让女儿自觉抵御不良信息，教会她明辨是非的能力，这比单纯让她远离是非更加重要。

如何给女儿做好“底线教育”

女儿进入青春期，逐渐形成了自己的思想和人格，但依然没有完全成熟，面对半成熟状态的女儿，一定要进行“底线教育”，帮助她定好人生的底线。

女孩的底线有四条：第一条是身体底线。我们必须让女儿认识到，身体是不可以用来交换利益的。面对诱惑，要有自己的底线和原则。现在社会上，很多女孩面对诱惑，这个诱惑也许只是一部新手机、一件小潮牌，就在攀比心和虚荣心的驱使下把自己的身体出卖了，用肉体去交换金钱或物质。尤其让人痛心的是，这些女孩年轻的不过十三四岁，正是花朵一般绽放的年龄，就为了蝇头小利丢弃了自己的尊严。这都是“底线教育”没有做到位的表现，女孩被一些三观不正的人稍一引导，就出卖了自己。

第二条是生活底线。先谋生，再谋爱，生活是可以自己创造的，无论贫富都要认真地经营生活。我们要让女儿有正确的金钱观，在生活中不要因为过度追求物质而失去了自己的精神追求。

第三条是情感底线。先学会爱自己，再去爱别人，尤其是伴侣。爱是溢出来的部分，婚姻是1+1大于2的过程。我们每个人都是独立的个体，只有尊重自己，才能更好地在一段关系里尊重别人。

第四条是生命底线。生命高于一切，生命至高无上，当我们的人身安全和生存受到威胁时，任何事情都要先放一边，为生命让路，把对生命的保护做到极致。

身体底线、生活底线、情感底线、生命底线，四条底线，教会女儿自尊自爱，让她的人生不越雷池半步。

女儿性格叛逆，在外结交不良少年，如何劝阻

女儿性格叛逆，染头发、打耳钉、文身，整日和一群不良少年在外面鬼混。面对这种情况，父母往往既痛心又焦虑，如何把女儿拉回正轨，阻止她和不良少年交往，成为父母最关心的问题。

冰冻三尺非一日之寒，当一个女孩出现了这些现象，她大多是辍学或者离家出走了，总之和父母的关系一定很糟糕。这时，传统的说教收效甚微，我们需要另辟蹊径。如果女孩已经结交了很多不良少年，那我们就要改变自己的观念，不要给这些不良少年贴标签，更不要单纯地觉得就是他们带坏了女儿。因为当女儿和他们混在一个圈子里时，旁人眼中的女儿也已经是“不良少年”了。重点是要掌握好他们的动向，如果能拿到他们的联系方式最好。心中有底，行事不慌，万一哪天联系不上女儿了，还有机会找到这些人。

十几岁的年龄段，说是不良少年，所作所为大多是离家出走，去网吧打打游戏，年龄再大一些，闹个夜不归宿，一般不会出现特别恶劣的现象。我们了解了他们的状态和动态，才有能力予以改变和调整。

了解完动向后，想要改变女儿的风气，我们还需要借助社会的力量，比如一些社会实践课、冬夏令营或者兴趣班。我们改变不了女儿

想和这群不良少年玩的心态，但可以试着把她引入另一个圈子里，用环境的力量把女儿从不良少年的圈子里拉出来。

家的大门要永远为女儿敞开，不管女儿多晚回家，一定要让她有家可回。女儿结交不良少年，最容易发生的风险就是早恋和意外怀孕，或者一起做了一些违纪违法的事。无论发生什么情况，我们都要接纳女儿，当然也要尽可能提前做好思想工作，减少这些事发生的概率。

言语的力量可以挽救女儿，也可以把她推向万恶的深渊。当女儿叛逆、结交不良少年时，责备与谩骂无济于事，我们一定要接纳她，继而慢慢引导她。事实上，女儿的叛逆、对抗，很多是因为父母的不理解和无理要求。如果我们能理解女儿每一个行为背后的本质问题，亲子关系一定会越来越好。

女儿夜不归宿，会不会学坏

首先，女儿一定是觉得家里没有温暖了，或者这个家没有办法满足她的情绪需求，她才会夜不归宿。女儿夜不归宿不会是一个人，一定是与一群人在一起，可能是有人带着女儿一起夜不归宿，也可能是女儿带着其他人夜不归宿。女儿在这些同伴中找到了归属感，才会野马脱缰。

光是和女儿沟通，可能很难解决问题，女儿也未必听得进去。想要拉回夜不归宿的女儿，我们必须从根本入手，让女儿重新感受到家庭的温暖，感受到父母的关爱。

一个深夜，小彤和几个“好哥们”在网吧激烈地打着游戏，直到凌晨两三点才向家走去。走到一条胡同时，小彤突然觉得似乎有人跟着自己。漆黑的夜，安静的胡同，可疑的跟踪人。小彤害怕起来，忍不住加快脚步向家跑去。“小彤，别怕，是爸爸。”熟悉的声音传来，小彤停下了脚步。身后的人走上来抱住她。“吓到了？这胡同白天人就少，你这么晚回来，不看着你我们不放心啊。”小彤这才知道，每一次夜不归宿的背后，都是父亲的守护、母亲的不安等待。想到如果跟踪的真是一个歹人，自己将会落得什么下场，小彤有一种劫后余生的感觉。那以后，她慢慢改掉了夜不归宿的习惯，开始向善向好。

所以，父母的爱是让女儿悬崖勒马的缰绳。如果女儿夜不归宿，在言语教导的同时，可有意无意让女儿接触一些夜晚发生的悲剧新闻，让女儿心有畏惧，同时，注意观察女儿的情绪，找到她不愿回家的原因，反省己身。用言传和更重要的身教，拉回青春期的女儿。

女儿偷吃减肥产品，该怎么劝导

颜颜最近对自己的体重很焦虑，偷偷买了一些减肥药吃。妈妈发现后，并没有责怪颜颜，而是对她说："颜颜，你看这些减肥药，产品信息都不全，是假冒伪劣产品啊，吃了对身体是有害的。妈妈最近在网上听营养师的课，以后妈妈来给你做减肥餐好吗？你要是有兴趣，也可以和妈妈一起听听，学学怎么通过合理膳食来控制体重。对了，以后晚上让爸爸带你去跑步，多运动才能瘦下来。"细心的妈妈发现颜颜唱歌很不错，就经常带她参加KTV聚会，还给她报了一个好声音夏令营，颜颜在一展歌喉的同时得到了很多赞美，慢慢地，她不再焦虑自己的身材，越来越有自信了。

首先吃减肥产品不等于伤身。有些父母觉得孩子长身体，吃得越多越好，看到女儿吃减肥产品，顿时愤怒不已，觉得自己好吃好喝供着女儿，女儿不懂珍惜，还要去吃伤身的减肥产品。事实上，从营养学角度来看，人的正常生长需求建立在营养均衡的前提下，饱腹感和营养摄入不存在任何直线关联，女儿吃减肥产品，不代表能量和营养摄入就不够了，也不一定会影响她的生长发育。

所以，如果发现女孩偷吃减肥产品，不必有情绪，我们应该关注的是她吃的是伪劣产品还是正规产品。很多女孩会在网上购买一些廉价的假冒伪劣产品，这些打着“5天就见效”“十天瘦一圈”这类广告的减肥产品，大多对身体有危害。这就需要父母做到主动监督，让女儿使用正规的减肥产品，比如酵素、水果茶、自榨果汁等，还可以带女儿参加一些营养学讲座，让女儿知道什么样的减肥产品是合规合法的。此外，父母可以主动地陪同女儿健身运动，管住嘴迈开腿，通过这些方式帮助女儿合理瘦身。

其次，我们要认识到，女儿偷偷吃减肥产品，释放的是希望得到别人关注的信号，作为父母一定要先理解她。青春期的女孩，非常在意自己身体的变化，在一些细节上的要求甚至比成年人还高。这一方面是她对美有了自己的理解，另一方面她可能有了喜欢的人，或者已经早恋了，她希望以更好的面貌被看到、被记住，这才有了吃减肥产品的行为，本质上说明女儿不够自信。很多有这种减肥行为的初、高中生，大概率是在才艺或者其他特殊技能上没有一技之长，只好通过外貌给自己加分，但如果一个女孩内心充满力量，就不会单纯通过减肥来满足自己被关注的渴望。所以，我们要让女儿发现自己的闪光点，多给予她鼓励和认同，同时多带女儿参与一些能够表现自己的社交活动，或是能展现她长处的冬夏令营，或是国内的游学课程，让女儿把更多的时间放在内在的成长上，而不是外在的表现上。

追求美本身没有错，即使是作为父母的我们，也一样会焦虑自己的身材，只是这个时代使大家对美的定义出现了很多误解，加上一些潮男潮女的不良引导，让女儿对美的追求有些过度。女儿减肥的背后是希望自己变得更好，与父母望女成凤是一样的心态。虽然两者的方向可能稍有偏差，但我们完全可以理解她、共情她，积极引导，让她回到适当追求美的道路上，这才是对女儿最大的帮助。

女儿自残自伤，背后究竟有何原因

方女士发现女儿翩翩的手臂上出现了很多伤痕，观察之下，发现那是女儿自己拿刀划的。有时候，女儿会突然情绪崩溃，用头撞墙。方女士十分心痛，她耐下心来，一次次和女儿促膝长谈，终于找到了原因。原来，好几次翩翩的表妹来做客，闯了祸，方女士总是怪在翩翩头上，翩翩心里很委屈。方女士诚恳地向女儿道了歉，翩翩在她怀里放声痛哭。自那以后，再也没有出现过自伤行为。有时候，翩翩情绪不好了，就会和妈妈一起出去运动，出一声汗，心情就好起来了。

女儿出现自残自伤的行为，用手打墙、脑袋撞墙、烫烟疤、小刀划手，这背后是什么原因？

有一些人陈述了自己自残的原因，即用肉体的疼痛缓解心理的痛苦。女儿的这些行为父母看着难受，但是女儿却觉得心里好受多了，好比我们某件事找不到解决方案，情绪特别急躁的时候，也会对自己有一些暴力行为。女儿的情绪如果没有宣泄口，一直憋在心里，不大喊大叫，不自残自伤，也不找人沟通，憋久了她可能会选择结束自己的生命。所以女儿的自残行为其实是在为自己的情绪寻找一个宣泄口，这样的孩子大多缺乏安全感，内心焦虑不安，就像女儿情绪低落，沉迷玩手机，是因为把手机当成了唯一的精神寄托。很多父母会疑惑：我们是最爱女儿的人，为什么女儿不能把我们当成精神寄托呢？事实上，如果女儿能够把父母当成心理寄托，那她不会抑郁，更不会自残自伤。

当女儿出现了这些行为，一定是父母无法成为她的精神寄托了。我们不要沉浸在自以为是的世界里，要站在女儿的角度，反思自己的行为，了解女儿自残自伤的行为背后有什么原因，是心里堆积了很多糟糕的情绪，还是在某件事上被人冤枉、受了委屈，抑或是有些问题想不明白，跨不过去？了解这些，我们再为女儿找一个正确的宣泄情绪的方式，可以多和女儿沟通、聊天。这种聊天不是父母居高临下地说教，而是在平等的环境下多听少说，听女儿哭诉一下她受的委屈，聊一聊她想不明白的地方，帮她清除堆在心里的垃圾；也可以带着女儿多运动，用运动的方式帮助她释放情绪。当然，也有少数情况是女儿觉得这种行为很酷，想跟风，那我们就更要正确引导孩子了。

如果女儿的自残自伤行为已经非常严重了，千万不要不当回事，用“身体发肤受之父母，不要伤害自己”这类老生常谈的话对女儿进行说教，这只会让女儿变本加厉地伤害自己。要及时让专业的团队和心理医生介入，用专业的咨询和治疗帮助女儿更快地走出泥潭。

第七章《07

规划未来，擘画婚恋和人生的蓝图

该如何给成绩普通的女儿规划人生

小樱从小成绩平平，用她父母的话说：“不是读书的那块料。”认识到这些，小樱的父母早早开始为她进行人生规划。最初，小樱的妈妈想让小樱走艺术路线，但发现小樱五音不全，着实吃不了这口饭，小樱的爸爸又想试着让小樱进体校，但小樱身体素质一般，吃不消繁重的体育训练。摸索了一圈，小樱的父母发现小樱对烘焙十分感兴趣，于是为她选择了一所不错的职业技术学校学习烘焙专业。小樱毕业后，成为一家面包店的烘焙师，她工作认真细致，手艺高超，很快得到了店长的赏识，在数年积累和店长的帮助下，小樱如今开了一家自己的面包店，当上了小老板，把生活过得有滋有味。

女儿成绩普通，如何给她规划人生？孩子的未来一般有三条通道：第一条通道是为国所用，第二条通道是进大厂工作，第三条通道是进入社会创业或打工。当女儿的成绩不是很理想时，父母心里要有清晰的认识。这时就不必跟成绩死磕到底了，试着在女儿的成长过程中，寻找一些她的兴趣爱好加以培养。如果女儿的艺术天赋比较强，那就试着让她在艺术的道路上走得更远一些。未来女儿也许不能成为高分型选手，但因为艺术上的一技之长，可以成为一名音乐老师，或是在培训班教乐器、教唱歌，这些都是很好的出路。如果女儿的艺术天赋不强，可以考虑体育类相关的职业，比如做个篮球老师、足球教练，或者在自由搏击、跆拳道等方面发展自己，毕业后去某些教培机构中施展自己的身手和才华。

如果这两类女儿都不具备发展条件，那又该如何做？其实，在很多职校和高级技校中，有很多专业可以作为择业方向，也就是我们谈到的技术工种，烘焙、烹饪、手工、糕点、汽修等都可以成为女儿的选项。虽然未来她可能成为公司的一名执行人员，但并不等于失去了所有机会，也许她在单位中把工作做得足够好，又积累了大量的社会资源，同时在工作中遇到了一个好上司提携，学会了人情世故，未来也有很大的机会成为创业者。

条条大路通罗马，即使在这个“唯成绩论”的社会，女孩的未来依然有很多选择。如果女儿成绩普通，父母一定要提前做好其他方面的规划，提前为她进入第三通道赋能，对女儿来讲会更有帮助。如果父母固执地死磕成绩，等女儿进入社会才被迫接受现实，让她学习相关知识和技能，那未免有些太晚了。所以，完成比完美更重要，有选择比没选择更好，有规划比没规划更强。

女儿考不上高中，读职校或者卫校有前途吗

女儿考不上高中，读职校或者卫校有前途吗？有没有前途，这件事另当别论，事实上中国有大量的孩子在中高考分流后，有近50%的学生与普通高中失之交臂，而且未来这个比例还会更高。如果女儿真的没有考上高中，又正值十四五岁这个年龄段，除了进入职校或卫校，似乎也没有更好的选择了，父母要关注的是怎么选，怎么读。

我们按照从上到下的层次，逐一思考。

首先，女儿有没有机会上一个差一点的高中？俗话说“瘦死的骆驼比马大”，再差的高中，该有的科目都会有，即使升学率、教学质量比较低，但毕竟是开设文化课的。父母想想办法，如果能够把女儿送进高中，即使差一些也比不上高中强。

其次，如果进入高中确实无望，那首先选择进入职校。女儿在职业院校中选什么样的专业至关重要。对女孩来说，文艺类比技术类更加合适，比如插花、学琴。不论女儿在技校读了什么专业，一定要保留她的文化特长和艺术特长，比如利用课外的时间让女儿学一些陶艺或书法，让这些时间占据女儿和同学的一部分社交时间，降低她学坏的风险。

最后，如果进入职校也不行，卫校就成为很多家长不得已的选择。相信这两年大家都听过卫校的风气不太好，女儿去了卫校后很容易学坏，那么作为父母怎样减少这种风险？此时，父亲的入场非常重要，父亲可以多和女儿通通电话，每周每月多去女儿学校门口接送她。一旦女儿的同学发现她的爸爸经常出现，那么一般不敢把女儿带到不正规的场所或者干一些不合理的事，这对女儿的安全和成长都十分有利。

保证女儿在高中阶段的学习和成长是绿色的、健康的，才是父母最应该关注的事。

女儿成绩一般，要不要鼓励走艺考

女儿成绩一般，要不要鼓励她走艺考？近几年艺考越来越火，很多家长和孩子有了走艺考这条路的念头，不是因为孩子从小就具备艺术天赋或艺术才能，而是希望通过艺考加分，进入比较好的大学或者提前进入大学，所谓艺招、体招，归根结底还是希望进入大学。所以，如果女儿的文化分能超过二本线，或者再努努力能够上一所普通大学，那么走不走艺考路线其实无所谓。

艺考并不是金光大道，艺术生的内卷其实比文化生更严重，因为艺术不仅对天赋有要求，对后天的努力要求更高。艺考是把背书和理解的这种挑战变成了对自己身体的挑战，这种挑战其实更加严峻。同时，艺术的起点相对更高，它对一个人的眼界、认知以及对各项技巧的理解都有很高的要求，尤其是到了中后期，想要在艺术上更进一步，需要大量的财富累积，而且这些投入和回报是看不见摸不着的。比如女儿飞趟法国参观了卢浮宫，对艺考有帮助吗？必然是有的，但是它没有直观的表现。卢浮宫之行是通过所见所闻来引发内心的触动，继而带动行为的变化。这些变化非常微妙，难以捉摸。所以，想要在艺考中出人头地，并不是比拼文化课那么简单，天赋、努力乃至家庭条件缺一不可。

丽萨成绩平平，最终决定走艺考路线，但是连续三次艺考都折戟沉沙，因为把大量的精力投入艺考，文化课的分数也没过线。丽萨在三次失败后仔细回想了一下，如果当初把所有的精力投入文化课，其实自己是有希望考上一所普通大学的，如今面临尴尬的局面，丽萨和她的父母都很苦恼。

如果女儿的文化课成绩确实不太理想，还是可以考虑走艺考路线的。现在的社会是短视频的时代，网红博主越来越多，拥有一些才艺对女孩而言非常加分。即使最后没有考入大学，掌握一些艺术也能为女儿的未来赋能，当她离开以成绩为评判标准的阶段后，艺术对女儿的职业、婚姻、家庭都有帮助，从长远来看依然是有益的。

女儿是“书呆子”，会不会影响未来的生存能力

在一个国际夏令营中，出现了很有意思的现象，国内的很多孩子学习能力很强，但是在徒步过程中，他们并不知道如何分配物资，如何合理地使用水、火。在漫长的徒步中，国内的孩子因为不知道如何规划，总是需要进行第二次物资补给，而国外的孩子一次补给就能完成全程的挑战，因为他们在成长过程中接受过很多野外生存能力和户外拓展能力的训练，对于如何分配使用物资驾轻就熟。

很多家长担心女儿是“书呆子”，会不会影响她未来的生存能力？有这种担忧的家长，已经比让女儿拼命读书，疯狂卷考试成绩，在应试洪流中慢慢迷失自我的家长有了更高的认知水平。随着人工智能的普及，社会越来越信息化，女儿光会读书，未来的生存能力可能真的会有些偏弱。未来的社会是一个对人有着综合要求的社会，协作能力、沟通能力、人情世故都是社会考察的方方面面。机器能干的事，人的效率不够高，成为机器能够替代人的原因，但是还有很多人能干的事，机器一定干不了，比如情感的交互。所以，女儿已经读了万卷书，那么便要走出去，行万里路，继而阅人无数。

行万里路，是为了丰富女儿的见识，同时提高她的生存能力和对环境的适应能力。很多欧美国家的孩子从小在野外学习如何求生，如何生活，如何照顾自己。这些能力不见得在女儿进入社会时发挥多大的助力，但是它会在潜移默化中影响女儿的生存方式。因为生活首先是活着，其次是活好，然后再活得精致。我们对女儿的要求一定不只是活着，而是希望她能够向更好的方向发展，读万卷书，足以让女儿找到一份谋生的工作，但想要继续发展，还需要行万里路，再阅人无数，知道怎么和贵人打交道，才能得到贵人帮助，这些都是女儿需要学习的综合技能。

所以女儿是个“书呆子”，也不必太担心，即使她未来生存能力不强，依然能拥有一个归途，区别只在于这个归途是相对不错的，还是比较一般的。如果希望女儿过得更好，那就不能光读书，在读书之余，培养她和人打交道的能力，适应环境变化的能力，以及应对新时代挑战的能力，这些都能给她带来巨大的帮助。

女儿未来职业规划，一心想当网红，怎么劝导

大一的寒假，可可告诉妈妈："妈妈，我未来想当网红，当网红能赚很多钱，还能收获很多粉丝。"妈妈听了并不生气，而是认真地问女儿："可可，那你想直播什么？"可可眼睛都亮了，说："我都想好了！我初中就过了舞蹈十级，现在读的又正好是音乐专业，我决定直播跳舞。"妈妈说："好，那你就趁着寒假上手试试吧！"可可兴冲冲地架起手机开始了自己的网红之旅。寒假过去后，可可已经积攒了一小波粉丝，收获了不少关注和点赞，但也遇到了一些质疑和责骂。可可对妈妈说："妈妈，网红原来也挺累的，每天都要定时开直播，小心维系粉丝，而且很多观众的问题我都答不上来，我还是要好好学习知识，沉淀自己。"妈妈笑了："可可，你能这么想妈妈很高兴，妈妈看了你的直播，你的镜头感很好，以后未必不能走上相关的道路，无论你是想继续做网红还是走其他的路线，妈妈都会支持你！"

女儿大学毕业后，一心想当网红，这不是一件坏事。她已经成年了，对人生有了自己的想法和追求，是一件值得高兴的事。很多父母的担忧其实源于对网红的误解。网红是一个巨大的群体，借助网络

来宣传线下的才能，网红不是洪水猛兽，不必抵触。毕竟，女儿不当网红还是要面临就业的问题，如果她能吃稳网红这碗饭，何乐而不为呢？很多网红也不是一开始就奔着当网红的目标，也许就是在从事网红背后的一些工作时，发现自己更有表现力，于是取代原来的网红成了新网红。

女儿做了网红，未来依然有很多转型的方向，比如凭借她对画面视觉效果、视频内容展现的敏锐，可以从事编导、文案策划、品牌企业文化的撰写以及更高维的自媒体宣发、互联网投流等工作，网红可以作为很多职业的支点和跳板。

未来10年，网络环境会更干净，对网红的综合要求会更高。网络整治其实是社会整体价值观的提升，一个三观不正的人，在网红的圈子里干不长久。在这样的环境影响下，对每一位网红都有监督、纠正、提升的作用。而且网红里面有很多细分的领域，才艺、娱乐、服化、带货、知识付费等，不论哪个领域，都需要网红自信、有表现力。这些要求会促使女儿提升自己。

任何职业想要做好，都需要知识的积累。女儿当了网红，就会发现自己知识的匮乏，从而激发学习的动力，这时她的内驱力远比父母的劝导有力量。所以，女儿想当网红没什么不好，尊重她的想法，大胆地让她去尝试，不论成功还是失败，都是人生的宝贵财富。

高中毕业，女儿想出国留学，家长如何选择

静静马上高中毕业了，和爸爸妈妈吐露了自己想出国留学的想法。妈妈问："静静，你为什么想出国？"静静吞吞吐吐半天，终于开口："妈妈，同桌成绩一般，她说，家里已经安排她高考结束后就出国，等回来有了海归的身份就不愁找工作了。我的成绩和她差不多，我也想出国镀镀金。"妈妈听了，接着问："那你想去什么国家？什么学校？"静静摇摇头："我不知道，随便去个发达国家，总归回来都差不多。"妈妈语重心长地说："静静，你了解过国外的生活吗？你知道出国一年需要多少钱吗？咱们家并不富裕，你如果有了明确的规划和目标，那我们砸锅卖铁也会把你送出国；如果只是跟风，那我们没有必要和别人攀比这些。"

高中毕业的女儿想出国留学，该支持吗？出国并不一定能学到什么，更多的是开阔眼界，大部分孩子出国其实是父母的安排和要求，并不是孩子自己的意愿。但是如果女儿自己有了出国的意愿，那一定要仔细了解女儿的想法，坐下来好好分析，好好复盘，看看女儿是出于什么样的心态想要出国。

出国对家庭的经济是一个巨大的挑战，家里经济条件不足以支持孩子出国留学时，父母更要冷静慎重。如果女儿是出于对自己技能的深造而想要出国留学，她对未来有清晰的目标和远大的规划，知道去什么国家上什么学校，那么咬咬牙也要把女儿供出去。但是如果女儿仅仅是因为爱慕虚荣或者盲目跟风，或者单纯想要开开眼界、镀镀金，在回国后有一个海归的身份，进而拥有更多社会资源，那么大可不必大费周章。

当然，如果女儿出国对家庭经济没有什么负担，那就看看父母是否能接受女儿的改变。长时间的国外生活，女儿的三观会有所改变，她可能会变得更独立，更具有契约精神，和家人的亲近感会变得没有那么强，穿衣打扮上也会更加开放。如果父母的思想不够开放，接受不了这样的变化，那就要仔细考虑是否送女儿出国；如果父母的思想比较开放，那么在女儿高中毕业后送她出国是一个很合适的时机。大学四年，如果再加上考研或就业，女儿大概有4—6年的时间都在国外生活。

盲目出国未必是好事，找专业的考前指导和学业规划的老师，给女儿做一个正确的指引，也根据父母的情况做一些正确的推进，效果可能会更好。

女儿调剂到不满意的大学，该复读还是勉强上

高考后填报志愿，对女儿和父母都是一项挑战。由于缺乏经验，很多家长在给女儿填报志愿时，在大学或者专业的选择上并不是很理想，有的甚至因为估算失误而导致女儿滑档，被调剂到不那么喜欢的专业或大学。面对这种情况，女儿应该复读还是坚持把这4年大学上完？

如果女儿的目标感非常强烈，比如必须上复旦、进清北，或者必须读法律、读金融，那么复读未尝不可。但是如果女儿并没有特别强烈的目标，那复读的意义就不大了。复读并不是一件轻松的事，如果女儿没有足够的信念支撑，很有可能蹉跎一年的时光，这时不妨先去上大学，真的想换专业，在大学里同样有很多机会和选择。

我们选择专业的目的，是为人生的终极目标而服务。想要学习某一领域的知识和技能，即使专业不对口，依然有很多途径。主修之外，还有选修，大学里还有五花八门的项目，乃至大学之外，依然有很多方式可供选择和补充。

小明大学学的是农业养殖，但他自身对互联网很感兴趣，于是利用课余时间自学互联网领域的知识，把兴趣变成了专业，最后成了互

联网大厂前端技术人才。可见，专业不对口从来不是前途的拦路虎，只要有心，我们有很多条路到达想去的彼岸。

事实上，大多数父母的痛苦并不源于女儿去了不满意的大学。

冰冰高考后因为填报志愿失误，没有进入心仪的大学，冰冰的妈妈愧疚不已。整整两年，冰冰妈妈一和朋友们聊天必要抱怨："当初我如果把××大学填在前面，冰冰就能上那所大学了，都怪我当时犹豫了，害得冰冰读了不喜欢的学校……"

这种祥林嫂式的消极抱怨，才是对女儿最大的不公平。人生的路，每一步都算数，无论是好是坏，只要能从中总结出有利于自己的部分，就是人生的加分项。即便在学非擅长领域的专业，也依然能为未来加分。塞翁失马，焉知非福。重要的是我们要以乐观积极的心态去面对。

作为父母，我们更多的是要给予女儿支持，不论她今天的选择是否正确，我们都要给她支持，才能让她走得更远。女儿目标感强烈，想要复读，我们就为她做好时间规划、生涯规划，以及考学规划，在有规划的前提下实现自己的追求；女儿目标感不强，那就坚持上大学。青春十分宝贵，每一年的变化都能拉开很大的差距，永远不要把时间浪费在纠结和后悔上。

快大学毕业了，女儿说想考研，是否应当支持

琪琪马上大学毕业了，本来一心一意找工作的她突然想要考研。妈妈仔细了解之后发现，原来是女儿对正式进入社会产生了恐惧和退意。琪琪读的是金融专业，现在手上已经有几个不上不下的offer，是否支持琪琪考研，妈妈犯了难。

女儿想考研一般出于以下几个目的：第一，觉得自己的专业能力不够，想继续深造；第二，通过继续读书来逃避现实社会的挑战。对于第一种情况，我们要支持；如果是第二种情况，考研不是不可以，只是意义没有那么大了。

考研的核心是为了匹配一份更好的工作，如果女儿在大学毕业时已经拿到了一份比较好的offer，或是进入一家比较优秀的企业，那就不建议她再去考研，良机稍纵即逝，研究生毕业后，女儿未必还能有这么好的工作机会。如果女儿并没有找到合适的工作，那么通过考研来提升自己，为了未来能竞争更好的工作岗位，确实是一个合理的选择。另外，考研也要考虑成败，如果一战失败，是否继续二战？这时可以让女儿边工作边考研，不必放下手上的工作专心考研，因为硕士

也好，博士也好，很多时候可能只是进入某些企业的门槛，在职场上并不能帮助女儿获得更多的晋升机会。

是否考研也要根据女儿的专业进行判定，如果女儿学的是金融、工商管理、计算机之类的四不像专业，那么考研的意义就不是很大；如果女儿学的是理工类对于技术要求比较高的专业，那么考研对她的就业可能有一定的帮助。

所以，父母要根据女儿考研的目的、女儿的专业以及女儿是否已经拿到较好的工作来仔细判断女儿是否有必要考研，这样比盲目地支持或者拒绝更有意义。

女儿能力一般，适合找什么类型的工作

欣欣大学毕业了，看着各方面都平平无奇的女儿，欣欣的父母为她的工作操碎了心。爸爸想让欣欣去考公，铁饭碗可以让她一辈子安安稳稳，妈妈觉得这样没有未来，家里条件不错，可以让欣欣试着创业，怎么选择呢？

其实，如果女儿的综合社交技能不是特别强，那么稳定型的工作可能更适合她。如果是社会型工作的话，那就是文职类、行政类、后勤保障类、客服类的工作，因为这几类工作对综合能力要求不是特别高，它属于标准化岗位，谁来都能做这件事，但这类工作有发展的天花板，做得再好也就这样。

考公考编对于能力一般的孩子是不错的选择，海关的工作人员、银行的柜台职员、医院的小护士、学校教务处的辅助老师，这些也都是稳定型的工作。

很多家长会担心女儿在这类稳定型的岗位上没有未来可言，这种担忧其实有些杞人忧天。能力不一定代表人品，人生的转折更多来自人品、价值观所吸引来的机遇。所以稳定型的工作并不等于一辈子碌

碌无为。

但是如果女儿能力一般，又想去创业，其实是有很大风险的。因为创业对一个人的综合能力要求太高了，这个综合能力包含心力、社交能力、协作力、领导力、号召力，甚至还考验人的眼光、视野、资源，莫说能力普通的人，就是有一技之长，也未必能在创业路上取得成就。

所以，如果女儿比较平凡，那么务实、稳定的工作确实是不错的选择，父母也不必抱有过高的期望，平凡的人生也能活出很多不平凡的故事，人生未必要波澜壮阔，淡看花开花落是另一种美好。

在本地工作和去大城市谋生之间，女儿该选哪个

在回答这个问题之前，不妨举两个金庸笔下角色的例子。郭靖自小在蒙古草原长大，其后足迹遍布江南、中原、塞北等地；张无忌虽出生在荒岛，但足迹遍布大江南北……这些大侠的人生轨迹几乎都是从出门开始，在他乡建功立业，最后衣锦还乡。

可见，在本地工作和去大城市谋生，后者无疑对女儿的发展更有利。趁年轻，女孩应当出去走走，多见见世面。在大城市谋发展，实现经济、人格与思想的三大独立，这是重要且必须达成的目标。即使女儿未能在大城市扎根，最后回到家乡重新就业或创业，她在大城市拼搏的这段个人经历也同样宝贵。在大城市开阔了视野，带着一线的信息、一线的社交资源以及一线的认知回到家乡，就具备了降维打击的优势。出门闯荡未必都能功成名就，但在一地浑浑噩噩极易让人心生焦虑和迷茫。

大城市虽然压力大，但压力与机遇并存，走出去，见天、见地、见众生，能够拓宽视野与提升格局。所以，支持女儿往外走是明智之举，鼓励女儿拥抱更广阔的世界，一旦成功，人生将被改写。即便失败，归来亦有所得。

当然，在鼓励女儿走出去的同时，父母需要留意女儿在大城市的抗压能力。如果女儿抗压能力不足，能力与欲望失衡，父母要及时止损，帮助女儿做好心理建设。毕竟在大城市的职场中，女孩面临的竞争、钩心斗角以及人情世故的考验不容小觑，而且在当今职场，性别平等逐渐趋向主流，公司不会给女孩提供过多特殊关照，女孩同样需要和男孩一样拼搏。

常言道："宁住大城市一张床，不住老家一套房。"作为父母，我们要支持女儿追逐梦想，逐梦的人不知疲倦。大城市能够丰富自身的阅历，同时为下一代搭建更优的起点。只要有机会，就应让女儿勇敢地走出去，说不定就能收获意想不到的成功。当然，女儿累了倦了，父母也是她永远的港湾。

大学毕业，是鼓励女儿先干事业，还是尽早结婚

依依大学毕业了，家里的亲戚开始频繁问起婚姻大事，尤其是老一辈的长辈，觉得女孩子把书读完了，抓紧结婚生子，人生大事就算完成了。依依的父母看着如花似玉的女儿，也在婚姻和事业上摇摆，但最终，他们还是支持女儿先干事业。依依的妈妈说："只有提升自己，才能更好地掌握婚姻的主动权。"

的确，应先干事业，因为女儿在职场上更容易找到自己。女儿一旦拥有了自由的人格和独立的经济，在择偶观上会发生天翻地覆的变化。有了更多的筹码和资本，才有底气去和未来的伴侣谈价值交换。

我们可能听到很多男孩和女孩说："你负责在家貌美如花，我出门去赚钱养家。"这些话在热恋期固然美好，可事实却是，男孩把女孩放在20楼，自己爬到了30楼，然后又在30楼找到一个自己喜欢的女孩，和她一起爬到40楼或者50楼。所以，女孩必须首先是独立的个体，有独立的经济，有绝对的筹码。如果女儿一无所有，那么很可能被别人轻易弃之。

如果女儿一毕业就结婚了，只会出现一种情况，就是她毕业时，

真的遇到了一个特别爱她并且家庭条件确实不错的男孩。面对这样的姻缘和机缘，父母也好，女儿也好，一定不能产生人生就此起飞的念头。嫁得好，有了优质的平台和资源，一定要用于充实自己，让自己也变得优质。父母一定要教育女儿，要把家庭财富用于创业、学习和提升自我，而不是买名牌衣服、喝下午茶、坐着劳斯莱斯去炫耀。只有在精神上成长，始终和男方保持同频，婚姻才能维系下去，否则，分崩离析是迟早之事。

所以，如果女儿在毕业时没有遇到合适的婚姻，那就赶紧进入职场，积累自己的社会资源，掌握更多的资本和筹码；如果女儿毕业时遇到了一段美满的婚姻，那一定不要忘记提升自我，永远不要停下进步的脚步，这样才能让这段婚姻持久幸福。幸福美满的人生一定是自己创造、自己争取来的，不要依赖任何人，女孩最大的安全感源于自己。

女儿毕业后很迷茫，怎么帮她找到就业方向

就业是正式进入社会的大门槛，重要的是找到一个能够积累经验的公司去沉淀和学习，而不是纠结专业是否对口。因为我们未必会在一个行业干一辈子，但是遇到一个好老板、好上司，对我们的人生帮助巨大。这里还有几点小小的建议。

毕业之后切忌创业，一毕业就鼓励女儿创业，人生有很多亏她还没吃过，有很多弯路她还没走过，创业可能会让女儿直接猛跌一个跟头。

让女儿广撒网，向各种类型的公司广投简历，千万不要只盯着某一类型或者适配专业的公司投简历。

当女儿收到公司的offer时，我们需要考核的是，在这家公司上班有没有成长的机会，有没有竞争的空间，有没有向上的通道；在人力资源上，有没有意愿对新员工做各方面的培养。如果有好的学习收获，未来又有成长的空间，哪怕工资稍微低一点，也建议女儿进入这家公司。

不要过分在意距离的远近，如果公司比较合适，距离远一点也没关系。

如果女儿十分迷茫，可能是因为父母给的建议确实太多了，她无从抉择，那么可以让她离开当下这个环境。在陌生的环境里，女儿就不会思考到底该选什么，而是思考如何活下去，人都是在谋生的过程中逐渐平稳下来，然后再慢慢地谋发展。路漫漫其修远兮，鱼跃龙门，是经过风雨的沉淀、岁月的打磨，积蓄了多年的力量，一跃而起，最终完成人生美丽的跨越。

人生是一场马拉松，不是百米赛跑，不要急着让女儿一进入社会就能找到真正适合自己的平台，先谋生积累经验，再谋发展。父母也不要一看到女儿焦虑就过分担心，因为我们积累的资源未必能给女儿提供多大的帮助。即使帮助了，让女儿始终生活在父母的羽翼之下，也未必是好事。所以，让女儿大胆地去闯荡，如果真有合适的资源，等女儿闯完后再帮助她也不迟。

女儿毕业不工作长期啃老，要不要给钱资助

女儿毕业不工作长期啃老，这当然是不可取的行为，那要不要给钱资助，这个问题需要分情况讨论。

女儿伸手向父母要钱时，我们首先要判断她现在是什么状态，如果女儿处于完全躺平的状态，一味地只要父母去抚养她，给她钱，满足她生活的需要，张口就是“妈，我又没钱花了，我还得过日子啊！”“妈，我现在还没有稳定的工作，但是我得结婚了”。这种情况下给她提供金钱资助，就是无条件溺爱她、放纵她，这样只会害了她。因为不努力，很多时候是因为有退路。父母把退路铺得太好，女儿才会一直啃老。

但是如果女儿很上进、很努力，只是在努力的过程中一直没有遇到好的机会，这时她张口发出求救信号，请求父母的资助时，不是啃老，而是希望父母助她一臂之力。作为父母，我们帮助女儿的方式有很多种，比如给她提供一些优质的人脉、一些宝贵的人生经验，或者请我们周围的朋友在事业上助她腾飞，这些都是我们能够给予女儿的，未必要给她金钱。

判断给不给钱是一方面，怎么给、给多少同样有讲究。比如女儿

十分努力上进，毕业后有创业的计划，但是启动资金不足，这时父母可以拿出一定的积蓄，但是这笔积蓄一定要在自己可控的范围内，比如存款10万，拿出2万—4万；存款100万，拿出20万—30万，而不是女儿创业要40万，父母在20万存款的基础上，找遍亲戚再借来20万。父母掏空自己，吃糠咽菜，女儿还不断索取压榨，当然是不合理的啃老。

再比如女儿毕业2年，在一线城市工作，这时她的生活成本很可能大于工资收入，父母资助几百上千，女儿口袋里有一定的闲钱，有助于增强她的自信，降低犯错率。但是如果女儿开口就要几万，为了买奢侈品，满足自己在一线城市生活的虚荣心，那就不必给。

小乐毕业于名牌大学，毕业后在一线城市漂泊，父母对女儿十分宠爱，要啥给啥，生怕她在一线城市过得委屈了，以至于如今快40岁的小乐依然单身，赚的工资连房租都交不起，没有斗志和拼劲，安逸地躺平，过着啃老生活。

所以，女儿要钱不一定是啃老，给不给，怎么给，给多少，都有讲究，父母要在适当的时候助女儿一臂之力，但不能助长她好吃懒做的习性。

女儿早恋，家长如何理性处理

琦琦早恋了，她的父母干预无果，寻求专业机构老师的帮助。琦琦进入课堂时，机构里的班服正好没有她的尺码，老师于是带着琦琦去买衣服。走进第一家比较小的店，老师问琦琦："这里有你喜欢的衣服吗?"琦琦摇摇头说："没有，这些都太小了。"老师又带琦琦去了一家中型服装店，问："这里有你喜欢的衣服吗?"琦琦说："有几件。"琦琦仔细挑了挑，选中了一件自己最喜欢的想要留下。正准备付款时，老师说："前面还有一家更大的服装店，要不再去逛逛?"琦琦应道："好啊，那再看看呗，万一有更喜欢的呢!"到了大型服装店后，琦琦一下子两眼放光，与刚才精挑细选的样子全然不同，兴奋地说："这套好看，这套也好看，我都想要，怎么办?"老师趁机道："选择另一半也和买衣服一样，第一家小服装店就像你的初、高中，选择非常少；第二家中型服装店就像你的大学，你可能会遇上心仪的另一半，觉得这就是全世界了；但最后这家大型服装店才是你要步入的社会，到了社会上你就会发现有更多的选择。"琦琦恍然大悟："老师，原来你带我买衣服，是想告诉我，这个时候早恋不合适，是吗?"

生活处处是学问，面对女儿早恋，我们要做的第一件事不是马上隔绝两人，把女儿封闭起来，而是先选择接纳早恋的发生，同时和女儿聊一聊："你的眼光这么好，看上的另一半肯定不会差，你跟爸爸妈妈分享一下他有哪些优点。"情人眼里出西施，女儿肯定能说出好几个早恋对象的优点，比如长得不错、性格很好、有才艺、能力强等，这时我们要在回应的同时激励女儿，比如对女儿说："哇，他这么厉害，怪不得我女儿喜欢，但是宝贝，你想想，这么优秀的孩子，其他人肯定也会喜欢，所以你也要变得更优秀，才能和情敌竞争呀！"通过类似的对话，让这段感情激活女儿想变得更优秀的意愿。

女儿到了青春期总会发芽，发芽没错，但是花千万别开得太早，开早了御寒能力不行，也有可能会受伤。面对女儿早恋，给她建设正确的爱情观，先接纳，再引导，然后带她突出重围。在这个过程中，可以跟女儿分享一下我们在读书时遇到了哪些爱情上的小挑战，又是怎么克服的。不要一味地只告诉女儿不能早恋，一味地阻拦只会让她想证明他们的爱情忠贞不渝，所以，堵不如疏。

女儿上大学了，要鼓励她谈恋爱吗

甜甜进入大学没多久，就遇到了心仪的男生，看着无忧无虑的女儿和男朋友风花雪月，甜甜的妈妈仿佛看到了年轻的自己。大学时期的恋爱多么纯粹又美好啊！甜甜的妈妈不仅没有反对女儿谈恋爱，还时常让她把男朋友带回家来一起吃个饭。饭桌上，甜甜的妈妈会和两人一起讨论并憧憬未来。在妈妈的影响下，甜甜和男友对未来的目标越来越清晰，虽然未来还有很多不确定性，但两人都在努力着。

女儿上大学了，要鼓励她谈恋爱吗？不仅要鼓励，最好能够让女儿真的谈成一段恋爱。大学其实是一个很不错的寻找另一半的地方，因为社会上的男性远比大学复杂得多。那么大学里谈的男生能相濡以沫走一辈子吗？其实可能性还挺高的，因为大家都接受了高等教育，思想在同一个高度，步入婚姻后，幸福概率还是很高的。如果到社会上寻觅另一半，会有一个很有意思的现象，很多高学历的女生未必嫁给了高学历的男生，因为很多在社会上摸爬滚打过的男性，往往拥有较多的社会经验，反而能够利用这些社会经验去打动刚刚毕业的高学历女生，这样的结合能不能走完幸福的一生，就要打个问号了。

为什么要鼓励女儿在大学期间谈一场恋爱？因为能够让女儿心动，继而产生纯粹的爱情，大多发生在大学期间。步入社会后，女儿要面临的爱情是门当户对，是柴米油盐，是经济平等，乃至三观相合。这种类型的伴侣其实很不好找，因为刚刚毕业的女儿初入职场可能就是公司的技术文职，她的世界里更多是和她经济水平类似的男性，如果她想要匹配到更高级的精英男士，必须通过自己的努力攀爬到更高的位置，这样才有机会认识到精英男性。这也是现在男女婚恋比例高度不平衡的原因。男生女生都面临找不到另一半的困境，不是单身男性或单身女性少，而是他们的交集太少；不是优秀的男孩少了，而是女孩没有机缘去遇到这些不错的男孩。

让女儿在大学期间谈一场恋爱吧！不用考虑太多未来的柴米油盐，让这一段美好的经历丰满她大学的时光，通过爱情的动力，让她对未来有更多的规划和奋斗的目标。即使最后两人的恋爱无疾而终，女儿也养成了奋斗的习惯。一段美好的爱情对女儿来说是力量和爱的源泉。如果大学期间没有谈恋爱，女儿会有两个结果，要么是拼命读书、考研，疯狂内卷；要么是结交到一些不太好的朋友，蹉跎了光阴。所以，如果女儿在大学期间恋爱了，让女儿把男朋友带回来吃个饭，父母帮他们建设和规划更有希望的未来，让他们在大学一起努力，这才是真正高知的父母该做的事。

如何避免女儿成为“恋爱脑”

女儿“恋爱脑”，找了一个不靠谱的男人，应该怎么办？首先，该讲的道理还是要讲，告诉女儿：找另一半一定要擦亮眼睛，要找三观正，品行端正，有上进心、有目标的男孩。嫁给不靠谱的男人，你的人生会很痛苦。这个男人也许只是在你这里乘一时之凉，未必会待一世之久。把道理掰开揉碎地讲出来，女儿还是走不出执念，那就放手。很多时候，言语的力量确实很难改变一个人的想法，有时甚至因为父母太焦虑、太啰唆，更容易激起女儿的逆反心理，只有经历了体验了，知道痛了，才会懂得道理。

所以，当我们已经拦不住女儿“恋爱脑”时，那就让她去体验，我们做好陪同和保护工作。

“恋爱脑”的伊伊和雅雅被渣男甩了，躲在房间里哭泣，伊伊的妈妈第一时间来到伊伊身边给她安慰，对她说：“伊伊，别怕！爸爸妈妈永远爱你，没关系，你永远都是爸爸妈妈的小棉袄，这个家永远为你敞开，别害怕，谁的人生还没点波折呢？！”伊伊在妈妈的关怀下，慢慢从伤痛中走了出来，也不再“恋爱脑”了。

另一边，雅雅的妈妈则说起了风凉话：“我早说你们两个没有未来，我就知道你们没有好下场。不听老人言，吃亏在眼前。你自己好好寻思去吧！”母亲伤人的话语成为压垮雅雅的最后一根稻草，雅雅在痛苦之下离家出走，动了轻生的念头。

如果父母不想让女儿冲动地进入婚姻阶段，可以让女儿拉长和男方的相处时间。路遥知马力，日久见人心。人可以装得了一时，但装不了一世。男方总会在长久相处中暴露出他真实的面貌，从而让女儿真正认识到自己交往的男生是不靠谱的，不是父母挑剔。

事非经过不知难，避免女儿成为“恋爱脑”，最好的劝导是让她经历和体验，最重要的是让她从伤痛中总结教训。

该不该让女儿将来嫁给家庭条件差很多的男生

家庭条件相差很多，包括两种情况，一种是男方比女方家庭条件优越，另一种是女方比男方家庭条件优越。

先看第一种情况，很多父母希望女儿能嫁入比她更优秀的家庭。其实，如果女儿本身条件一般，真的嫁入豪门，她会很自卑，并且在家庭里没有话语权，没有存在感，没有家庭地位，这未必是一个好的选择。

第二种情况，用一个例子来说明。

妙妙是一个广东的女孩，在大学期间认识了东北男孩小轩。小轩的家庭条件并不好，但是热恋期的他还是经常给妙妙买礼物，陪她做美甲、做发型，带着她去各地旅游。假期时，小轩带着妙妙回家见父母。妙妙离开后，小轩的妈妈忍不住对小轩抱怨："你女朋友也太讲究了，化个妆要40分钟，晚上还得敷面膜、做瑜伽，这个不吃那个不吃，家里啥活都不干！"小轩忍不住反驳："我喜欢她，她想怎么着就怎么着！"但是时间久了，小轩发现妙妙精致的生活这也要钱那也要钱，再加上母亲不时的抱怨，两人开始频频爆发争吵，小轩说："你也太瞎讲究了，洗澡一天要洗两回，还不肯去公共澡堂。"妙妙回嘴："这你就受不了了？刚在一起那会儿你是怎么说的？”小轩说：“当时我不知道你这么能花钱，谁知道你会是这样的人？”两人的生活一地鸡毛，终于在大学毕业时分手了。

恋爱尚且如此，何况婚姻。家庭条件差很多，嫁过去会产生很多矛盾，这个矛盾来自两人的消费观、教育观、沟通观，小到饭菜口味，大到买房装修，都会有巨大的差异。这些矛盾在短期内也许看不出来，但是天长日久一定会暴露。

所以，婚姻要门当户对是有一定道理的。所谓门当户对，是指两人的经济条件、认知程度、消费观差不多，在同频的基础上才能走得更远。当然，我们建议找一个有目标、有野心、有孝心、有共情能力，对两个人的未来有充分的规划，且三观正确的男生，能够满足这6点，即使对方一穷二白，未来也不会差。

要在适婚年龄前催促女儿找男朋友吗

什么是适婚年龄？20世纪的适婚年龄是十八九岁，十几年前的适婚年龄是二十四五，到了今天，三十岁左右没结婚是挺正常的一件事。这个时代的适婚年龄确实比上一个时代要晚，我们不能用自己那个年代的适婚年龄来要求这个时代的女儿。所以，不用急着催女儿谈恋爱，更不要让她以结婚为目的去找男朋友，现在的年轻人比我们有更高的认知，他们宁可清醒地单身，也不要糊涂地进入一段关系。

这句话确实很有道理，盲目地进入恋爱甚至婚姻关系，真的能幸福吗？鞋子只有穿在自己脚上才知道到底舒不舒服。作为父母，我们是希望女儿在一段感情里很痛苦，分分合合才嫁对，还是一次就嫁对？相信我们都希望是后者。有的父母会问，我们家女儿不会主动表达，现在不催她找男朋友，以后真嫁不出去怎么办？如果女儿清晰地知道自己想要什么，活得很笃定，一个人也能够很圆满，那么不婚主义又如何？我们一定不要太过传统，认为女儿必须得谈恋爱，然后结婚。催得越紧，女儿越难找到良人，因为她是带着巨大的压力去建立亲密关系的，而一段好的关系，一定是舒适和放松的。

这个时代的高知精致女性，确实需要等待一个能打动她的男性。婚姻的终点是圆满，是找到自己的幸福。找一个自己爱的，同时也爱自己的，只要遇到对的另一半，即使晚婚也不是问题。

如何给女儿做早期的婚姻观教育

关于给女儿做早期的婚姻观教育，建议从以下几个方面进行。

第一，在女儿18岁后，多带她去月子中心看一看，看看月子中心昂贵的消费项目，让女儿明白，孩子出生的那一刻，什么都要钱。婚姻绝不是一人吃饱全家不饿。所有女孩的清醒都是在有了孩子那一刻，一下子把自己逼成了女强人。让女儿提前认识，提前清醒，对她未来的婚姻很有帮助。

第二，带女儿到民政局转一转，让女儿知道，结婚的人很多，离婚的人也不少。婚姻不是看似甜蜜的瞬间，它考验着两人的生活经营能力。

第三，多带女儿去自己身边婚姻美满的朋友家做客，让女儿多听一听叔叔阿姨当年的爱情史，她会发现幸福的婚姻背后也有很多坎坷和心酸，也有柴米油盐酱醋茶，这些从表面是看不到的，但却是每一段婚姻都真实存在的。

第四，和女儿讲一讲自己的婚恋史，爸爸妈妈是怎么认识的，又遇到了哪些挑战，当时理想的婚姻是什么样，后来又变成了什么样。父母爱情故事对女儿的帮助和影响会特别大。

第五，当女儿遇到喜欢的男孩时，一定要去对方家里看一看他父母的性格和人品，看一看他原生家庭的成长环境。很多时候女儿选择伴侣，是在产生爱慕之情的一瞬间上了头，非他不嫁。但婚姻绝不是我非你不嫁，就能过得幸福美满。两人之间三观契合、消费观统一、性格相投等，都是需要考虑的因素。

第六，在结婚前，一定要看看女儿和男朋友的消费观念是否一致。消费观念差异较大，是婚姻中最大的矛盾诱因。

灵灵和鑫鑫刚上大学就在一起了，两人打算毕业后就结婚，灵灵的父母却要求她先和鑫鑫独立生活一段时间。同居没多久，灵灵就发现，自己习惯精打细算，而鑫鑫却花钱大手大脚。比如买菜时，自己花不到100元就足够做一顿菜了，鑫鑫却每次都要花300多元。再比如每次的剩菜，自己总是想留到下一顿再凑合一下，鑫鑫却总是倒掉。这些小事让灵灵认识到了两人消费观念的差异，最终选择了分手。

初、高中是鱼缸，大学是鱼塘，社会是广阔的海洋，在海洋中寻找自己的人生伴侣，要有一双慧眼，才能明心见性，读懂底色。婚姻是女人的第二次生命，嫁得好一生圆满，嫁不好翻天覆地。给女儿做早期的婚姻观教育时，男方的品质、原生家庭如何，都是我们不得不考虑的因素。遇知己难，遇良人更难，及早介入女儿的早期婚姻观教育，能帮她练就识人的慧眼。